Maudet.

Observations

a Messieurs les

membres de la chambre

des députés.

OBSERVATIONS

A MESSIEURS

LES MEMBRES DE LA CHAMBRE DES DÉPUTÉS,

SUR LES ARTICLES 15, 16, 17, 18, 19, 20 ET 21,
ADDITIONNELS AU BUDGET DE 1842,

DONT LE BUT EST DE

RENDRE ILLUSOIRE L'AFFRANCHISSEMENT
DES EXERCICES

DANS LES VILLES RÉDIMÉES.

> Fortitudo est virtus pugnans pro æquitate.
> Cic., *De Off.*

MESSIEURS LES DÉPUTÉS,

Si vous voulez savoir pourquoi l'impôt sur les boissons est impopulaire, pourquoi le peuple fraude, pourquoi il se révolte et s'exaspère au seul mot de *Régie* ;

Quelle loyauté cette administration apporte dans ses rapports avec les contribuables, avec les tribunaux et les Chambres, quel respect elle a pour les lois, et en particulier pour celles qui émanent de votre initiative ;

Ce qu'il faut faire pour la réconcilier avec le commerce, pour augmenter les produits de l'impôt sans élever les tarifs, pour assurer la perception des droits sans accroître l'arsenal, déjà trop considérable, des rigueurs et des absurdités ; pour conserver à l'état, dans les temps difficiles, ses moyens d'action les plus puissants ;

1841

1

Enfin, si vous tenez à savoir ce qu'on vous demande par les art. 15, 16, 17, 18, 19, 20 et 21, additionnels au budget de 1842, à ne pas tomber dans les piéges couverts de la fiscalité, lisez...., lisez, Messieurs, et relisez s'il le faut : car le langage des spécialités n'est pas toujours intelligible à la première lecture ; et lors même que l'administration retirerait son projet, lisez encore, car le mal est arrivé à son paroxysme, et il est urgent d'y apporter remède.

Interrogez, à cet égard, votre catalogue des pétitions ; voyez-en le nombre depuis trois ans, et demandez-en le rapport *si elles n'ont pas été soustraites.* Vous entendrez les plaintes des débitants rédimés, celles des marchands en gros, le cri de désespoir ou plutôt la menace des propriétaires de vignes de la Gironde, *qui ne sont pas d'obscurs fraudeurs;* enfin faites-vous rendre un compte exact des événements de Fougerolles, de la vallée de Villé, de Saint-Denis et de Saint-Germain.

« A toutes nos sessions, disait un honorable député, M. »Caumartin, le nombre des réclamations élevées contre le »système des contributions indirectes n'a fait que s'accroître, »et le contraire devait arriver, *puisque, jusqu'à ce jour,* »*elles ont été sans résultat utile pour leurs auteurs.* En »effet, si quelques modifications ont été introduites, elles »ont été imaginées pour augmenter les produits et les assurer »par de nouveaux *raffinements* dans les moyens de perce- »ption (1). La plainte était donc devenue inutile ; mais sa »persévérance doit nous faire soupçonner, ou que le système »est radicalement vicieux, ou qu'il est inséparable de tant »d'abus, qu'il est indispensable de le changer. *Peut-être se-* »*rions-nous arrivés à ce terme* si désiré, *si, pour obtenir* »*un changement, il ne fallait pas blesser quelques amours-*

---

(1) Consulter à ce sujet les modifications réclamées depuis 1832.

»*propres, à qui il en coûte de convenir qu'ils s'étaient*
»*égarés, qui ne veulent rien déranger dans leurs combi-*
»*naisons, ni rien retrancher de leurs immenses attribu-*
»*tions; qui s'impatientent enfin de voir amincir dans*
»*leurs mains le sceptre sous lequel ils tiennent tant de*
»*fortunes particulières, et* UN NOMBRE SI CONSIDÉRABLE
»D'EMPLOYÉS. »

Il serait difficile de faire un tableau plus vrai de notre position vis-à-vis de la régie.... Quand donc cédera-t-on à la
raison ? Car on n'a rien accordé jusqu'ici qu'à l'émeute !....
N'est-ce pas à elle seule que nous devons les lois de 1816, de
1830, de 1832, et le rapport d'une partie de celle votée en
1837 ?.... En serons-nous donc réduits à cette cruelle extrémité,
même pour conserver le peu de liberté dont jouit notre industrie ?... Cette pensée, Messieurs, est effrayante pour les
amis de l'ordre et du gouvernement.... Depuis dix ans les recettes ont dépassé, chaque année, les prévisions du budget,
et la régie n'est pas satisfaite! que lui faut-il donc de plus?

Élevant la voix pour ceux qui sont dans l'impossibilité de
le faire, pour une classe que rien ne protége contre l'arbitraire, LES DÉBITANTS, je ne viens point faire ici la guerre
aux principes conservateurs de l'impôt; je viens, au contraire, vous en proposer de beaucoup plus conservateurs en
vous dévoilant les ruses de la FRAUDE et celles de la FIS-
CALITÉ, dont je suis également l'ennemi implacable. Ce ne
sont point les personnes, mais l'erreur des temps, que je com-
bats; erreur qui a fait de l'absurde une loi et de l'injuste un
droit; c'est l'immoralité que je poursuis jusqu'au sein de
l'administration.

Je sais combien est grave l'accusation que je porte; j'en
assume sur moi toutes les conséquences; j'ai pour la justifier
des milliers de preuves authentiques et irrécusables, que
j'offre de mettre sous les yeux de la commission du budget.

en la suppliant de m'entendre *contradictoirement* avec le directeur général, qui devrait provoquer de son côté une telle enquête.

Avant de passer à l'examen des articles qui vous sont proposés, permettez-moi, Messieurs, de vous faire un court exposé des événements qui ont donné naissance à la loi du 21 avril 1832, et surtout des avantages du mode de perception qu'elle a créé, dont on vous demande *implicitement* l'abrogation.

TABLE DES MATIÈRES.

		Pages	
Avantages de la taxe unique sur les autres modes de perception.		5	
D° sous le rapport de la fabrication des liqueurs.		16	§ 3
D° relativement à la distillation des vins.		24	§ 4
Manœuvres employées pour empêcher les villes de se rédimer.		13	§ 5
Discussion de L'ART. 15 du projet du gouvernement.		21	
Conséquences de L'ART. 15 combiné avec l'art. 16.		29	
Principe et conséquences de l'affranchissement des exercices.		35	§ 3
Disposition essentielle à introduire dans la loi.		40	§ 4
Discussion de L'ART. 17.		42	
— de L'ART. 18.		43	
— de L'ART. 19.		45	
— de L'ART. 20, et rapport de la commission de 1824 sur le même objet.		50	
— de L'ART. 21.		68	
Augmentation du droit sur l'alcool et abaissement de celui sur les liqueurs.		57	
Observations sur la réduction de la remise allouée aux marchands en gros.		70	
D° sur le rapport de la commission du budget de 1842.		77	

AVANTAGES DE LA TAXE UNIQUE.

De tous les impôts, le plus juste et le mieux assis est sans contredit celui qui frappe l'intempérance et la débauche : à ce titre, celui sur les boissons devrait être à couvert de toute attaque et n'avoir rien à redouter des oscillations politiques. Cependant il n'en est point dont l'existence soit plus souvent menacée. Il faut donc, comme l'a dit à la Chambre, le 11 juillet 1814, un directeur général des contributions indirectes, homme dont le jugement ne peut être suspect, que *son mode de perception soit immoral, vexatoire, désastreux pour le commerce et l'industrie, qu'il blesse l'esprit national et la dignité des citoyens.*

Il est *immoral*, parce qu'il oblige à frauder ou à mourir de faim.

Il est *barbare*, parce qu'il nous place entre l'impossible et un châtiment sévère.

Il est *injuste*, parce qu'il nous livre pieds et mains liés à l'administration qui nous poursuit; parce qu'en lui abandonnant l'appréciation des faits, il la rend juge dans sa propre cause.

Il est *vexatoire*, parce qu'il ne repose que sur des vexations et ne nous donne aucune garantie contre elles.

Il est *désastreux pour le commerce*, parce qu'il entrave toutes ses opérations; *pour l'industrie*, parce qu'il paralyse ses efforts; *pour l'agriculture*, parce qu'il nuit à son développement.

Il blesse *l'esprit national*, parce qu'il nous oblige à courber la tête sous la tyrannie; *la dignité des citoyens*, parce qu'il place les hommes les plus honorables par leur âge et leur caractère sous le despotisme de jeunes employés dévorés par un zèle ambitieux.

C'en est fait, Messieurs, de l'impôt des boissons, si vous

lui enlevez la seule condition d'existence qui lui reste : *la faculté d'affranchissement consacrée par la loi de 1832.*

Qu'on prenne donc conseil du passé, et qu'on se souvienne que c'est aux absurdités et aux rigueurs du système des Aides qu'il faut attribuer la suppression totale de cet impôt pendant une période de près de dix-huit ans (de 89 à 1806), et que, si le régime qu'on lui substitua ou plutôt si sa restauration ne produisit pas les mêmes effets en 1815, c'est qu'on s'empressa de faire droit à une partie des griefs du commerce et de l'agriculture. Qu'on ne perde pas de vue surtout que ce qui contribua le plus au rétablissement du calme, ce fut la promesse d'un nouveau mode pour l'année suivante; *promesse qui, n'ayant point été réalisée,* fut la seule cause de la prolongation des troubles dans la perception, de 1830 à 1832.

En vain, pour calmer l'exaspération, fit-on le sacrifice du tiers de l'impôt ; il fallut attaquer cette fois le mal sérieusement et donner au contribuable le moyen d'acquitter sa dette envers l'État, sans être assujetti aux formalités serviles et aux prescriptions absurdes de l'exercice, sans être obligé de fléchir le genou devant l'arbitraire, de se taire en présence de l'injustice.

Mais ce que la réduction énorme de 40 millions par an n'avait pu obtenir céda comme par enchantement devant la faculté d'affranchissement; l'harmonie la plus parfaite succéda bientôt aux collisions les plus déplorables, et depuis, vous le savez, les produits ont dépassé chaque année les prévisions du budget.

Voilà, Messieurs, le récit très abrégé, mais exact, des circonstances impérieuses qui ont dicté la loi du 21 avril 1832, dont on vient aujourd'hui vous réclamer implicitement ou plutôt *subrepticement* l'abrogation par les art. 15, 16, 17 et 18, sans tenir aucun compte de ses heureux résultats.

Si l'on n'a pu nous refuser l'affranchissement des exercices, on pourra encore bien moins nous le ravir, après que nous en avons goûté les douceurs. L'exercice serait désormais pour nous mille fois plus lourd qu'il n'a jamais été, et quand il nous sera imposé d'office *par la subreption*, nous le repousserons avec énergie, ainsi qu'on l'a fait à Fougerolles, à Saint-Germain et dans la vallée de Villé, comme un état de servitude incompatible avec nos mœurs et l'esprit de notre constitution. Ce n'est point ici, Messieurs, une menace ; c'est l'expression spontanée d'une antipathie, qu'on s'attache chaque jour à rendre plus invincible.

Qu'un employé, en effet, soit insolent ou exigeant au delà des limites du devoir, le débitant trouve dans l'affranchissement un moyen sûr de se soustraire à toutes les tyrannies que lui attire la discussion cependant bien naturelle de ses droits ; il réclame le règlement immédiat de son compte, et, en payant à l'employé ce dont il est redevable, il le consigne *à sa porte*. Voilà, Messieurs, le principal motif pour lequel l'affranchissement est antipathique à la régie... Ne vaut-il donc pas mieux que nous nous fassions justice de la sorte que d'en appeler à la force contre l'arbitraire, puisque les tribunaux sont impuissants à nous protéger ?

Ainsi, Messieurs, avec l'affranchissement entouré de garanties, la régie est obligée d'être juste envers les débitants si elle ne veut les voir échapper à sa domination.

Avec l'affranchissement et l'exercice *facultatifs*, personne n'a le droit de se plaindre d'une condition qu'il a lui-même choisie comme la plus convenable à ses intérêts et à ses goûts ; partant, plus de collisions possibles, plus d'émeutes à redouter dans les moments difficiles ; les loups de la régie (ceux auxquels on a rendu l'exercice antipathique) sont renfermés chez eux ; il ne reste sous le régime de l'exercice que les moutons, (ceux auxquels il est avantageux, soit en raison du terme de paiement qu'il porte avec lui, soit en raison de la nature de leur commerce).

L'affranchissement est donc à tout jamais une garantie d'ordre et la sauvegarde de l'exercice ; mais il ne pourrait exister à son tour sans la faculté d'exercice, parce qu'il ne peut satisfaire seul à toutes les nécessités du commerce. Ce sont désormais deux modes *inséparables*.

Enfin l'affranchissement des villes, autrement dit LA TAXE UNIQUE, a imprimé à l'impôt indirect le cachet de l'équité ; elle a résolu un problème dont on avait inutilement cherché la solution jusqu'à ce jour : *l'égale répartition de l'impôt entre le riche, qui boit de bons vins* A DOMICILE, *et le pauvre, qui en boit de mauvais* AU CABARET. Aussi est-ce à tort que la régie insinue aux conseils municipaux que ce mode de perception fait supporter aux propriétaires *les charges* du débit, tandis que le débitant en perçoit *les bénéfices*. La concurrence, qui acquiert par la cessation des entraves de l'exercice tout le développement dont elle est susceptible, ne réduit-elle donc pas ces bénéfices à leurs plus simples limités ?

On a dit absolument la même chose par rapport à la réduction opérée sur les droits en 1830 : *qu'elle n'avait profité qu'aux débitants*. Si, depuis, le vin s'est vendu dans les cabarets aussi cher et même plus qu'auparavant, cela tient uniquement à la valeur qu'a acquise cette denrée, qui était alors à vil prix par suite d'une série d'années abondantes. Au reste, tout le monde sait que la concurrence ne profite qu'aux consommateurs.

Pourquoi d'ailleurs cet état de choses serait-il plus injuste à l'égard des vins, cidres et poirés, qu'à l'égard des eaux-de-vie, esprits et liqueurs, dont le droit fixe et invariable pèse également sur toutes les classes de la société? S'est-il élevé sous ce dernier rapport une seule objection depuis 1824 ? Le propriétaire ne trouve-t-il pas d'un autre côté une compensation dans la suppression du droit de circulation qu'il était obligé de payer à chaque déplacement de ses boissons ? N'y a-t-il donc pas une injustice criante à faire payer aux malheureux 6, 8 et 10 centimes de droit, où le riche ne paie qu'un centime ? Que devient, avec un système semblable, l'égalité des charges promise par la charte !

C'est encore sans raison que la régie accuse la taxe unique de rendre l'impôt *improductif* et *stationnaire* en privant l'état du bénéfice résultant de l'augmentation des prix : car, bien que la quotité du droit par hectolitre soit invariable sous le régime de la taxe unique, cela n'empêche que son produit ne soit à la fin de l'année toujours en rapport avec la consommation, puisque c'est le chiffre des quantités entrées qui sert de multiplicateur. Peut-on d'ailleurs se plaindre de n'avoir sur le droit aucune chance d'augmentation quand d'un autre côté on est à couvert de toutes chances de diminution et de non-valeurs, et qu'à position égale, on perçoit sur les spiritueux trois pour cent de plus que par l'exercice ?

On ne manquera pas non plus de vous représenter le petit nombre des villes *rédimées* et celui encore plus petit des débitants *affranchis*, comparativement à ceux *exercés*, comme une preuve que l'affranchissement n'est ni dans les goûts ni dans les intérêts du commerce, qu'il n'est qu'un asyle, où quelques fraudeurs vont se mettre à l'abri des atteintes de la surveillance ; mais on se gardera bien de vous dire que cet état de choses n'est que le résultat obligé des tortures de toute espèce qu'on exerce depuis trois ans sur les *rédimés*, à l'aide d'arrêts *subrepticement* obtenus. Il est bien vrai que l'exercice est mille fois préférable à ce simulacre d'affranchissement, dépouillé qu'il est maintenant des bénéfices et des garanties de la loi.

Sous le point de vue de la surveillance, n'est-elle donc pas beaucoup plus efficace lorsqu'elle occupe les seules portes par où la fraude puisse entrer, que lorsque, errant vagabonde, elle les laisse toutes *ouvertes?*

Il y a donc, quoi qu'en dise la régie, un avantage immense pour les intérêts du trésor et pour ceux de la localité à ce que les villes se placent sous le régime de la taxe unique, qui, de tous les modes de perception, est le plus doux, le plus équitable, et sans contredit le plus productif, celui qui présente le plus d'avantages et le moins d'inconvénients, en ce qu'il concilie les intérêts de tous.

Il est *le plus doux*, parce qu'il ne donne lieu à aucune vexation; *le plus équitable*, parce qu'il détruit cette inégalité choquante dans la répartition de l'impôt, dont plus des trois quarts, sous le régime de l'exercice, pèsent sur le malheureux. Là où il y a taxe unique, la quotité des droits à payer étant invariable, le contribuable sait ce qu'il doit, et acquitte sa dette sans murmurer; tandis que l'abonnement, dont le caractère semble être le même, est, comme vous le verrez lors de l'examen de l'art. 19, un sujet de tracasseries sans cesse renaissantes entre le débitant et les agents du fisc : il faut chaque année traiter sur des bases *nouvelles*, se disputer le terrain *pied à pied*, et de là, lorsque le débitant voit qu'on ne lui tient aucun compte des circonstances qui doivent amener une diminution dans sa vente future, telles qu'une concurrence survenue ou une récolte abondante, la discussion s'aigrit et les injures s'ensuivent.

Le système de la taxe unique est *le plus productif*, parce qu'il restreint, autant que possible, le cercle de la fraude; parce qu'il augmente le produit de l'impôt *de trois pour cent* par la suppression de la remise, et qu'il fait tourner au profit de l'état toutes les non-valeurs de l'exercice.

Il concilie les intérêts de tous, parce qu'il permet l'entrepôt, sans lequel le commerce extérieur ne peut avoir lieu, parce qu'on peut être en même temps soumis à l'exercice dans un magasin et en être affranchi dans d'autres, sans que l'état ait rien à redouter *de la fraude*, ni les rédimés de *la fiscalité*. Ajoutez à cela qu'il rend impossible ou du moins fort improbable le retour de ces scènes de dévastation qui viennent aggraver les embarras du gouvernement, en paralysant ses plus puissants moyens d'action *précisément* au moment où il faudrait *les doubler*.

De tels avantages, Messieurs, peuvent-ils être mis en balance avec le léger surcroît de charges qui résulte de la taxe unique pour le consommateur *à domicile*, surtout quand le privilége dont il jouit n'est qu'une concession faite à la fraude? Ce n'est pas sans doute parce que sa fortune lui permet de boire de meilleur vin que l'ouvrier, qu'il doit payer les trois quarts de moins? Car ce serait le cas, ou jamais, de dire: *Aux gueux la besace...* Non, tel n'est pas le motif qui a dicté cette inégalité; elle prend sa source dans l'impossibilité de faire autrement sans nuire aux produits : les droits élevés sont toujours improductifs quand les mesures conservatrices manquent pour en assurer la perception; or le consommateur placé au centre de la production ne prendrait jamais de congé si le droit fraudé pouvait, nous ne dirons pas compenser les risques du transport, mais lui offrir le moindre appas. C'est pour cela qu'on a divisé les départements en quatre classes , et que le droit de circulation a été réglé de manière à désintéresser la fraude, qu'il est plus élevé dans ceux qui sont plus éloignés des pays de production.

Voilà la raison fiscale, la seule qui empêche la régie, qui ne respecte la bourse de personne (c'est une justice qu'il faut lui rendre), de puiser à pleines mains dans celle du consommateur *à domicile*. Mais, dès qu'il devient possible de garantir le droit de circulation des atteintes de la fraude, n'y aurait-il pas justice à niveler les tarifs, à répartir également les charges entre les contribuables? ce serait une violation de la Charte de ne pas le faire.

Voyons d'ailleurs à quoi se réduit l'augmentation qui résulte, pour le riche consommateur, de la conversion de tous les droits en une taxe *unique* :

On peut regarder comme certain que le prix moyen de l'hectolitre de vin débité dans toute la France ne s'élève pas à 30 francs, année commune; mais, en adoptant même ce chiffre comme exact, le terme moyen du droit payé par les débitants est donc de trois francs trente centimes par hectolitre, décime compris, ci. 3 30

Remise trois pour cent, ci. 10

————

Reste. . . . 3 20

Tandis que le terme moyen du droit de circulation est de 99 centimes, ci. 99

————

Différence. . . 2 21

Le droit de détail est donc, *terme moyen*, de 2 fr. plus élevé que celui de circulation (1); mais comme cette différence se trouve répartie *sur la totalité du vin introduit*, dont, en général, plus des trois quarts sont consommés A DOMICILE, il s'en suit que le droit à payer par la classe la plus aisée n'est augmenté, par l'établissement de la taxe unique, que de 50 à 60 centimes par hectolitre, soit, par barrique ordinaire, 1 fr. 50 à 1 fr. 40 cent.; nous laissons de côté, comme sans importance, la portion du droit de licence qui lui incombe par suite de son addition aux autres droits, et qui se trouve d'ailleurs plus que compensée par la suppression du droit de circulation. Nous ne parlerons pas non plus du droit sur les cidres et poirés, qui est insignifiant, ni de ceux d'en-

————

(1) Cette différence est calculée sur le terme moyen d'années *ordinaires* : car le droit de circulation est fixe, tandis que le droit de détail s'élève ou s'abaisse en raison du prix, ce qui établit, dans certaines années, une différence de 4, 5 et 6 par hectolitre, entre le consommateur A DOMICILE et celui qui boit AU CABARET.

trée et d'octroi, auxquels ce mode de perception n'apporte aucun changement.

La taxe unique a encore cet avantage qu'elle rend impossibles toutes les fraudes qui se cachent sous le manteau de
la légalité ; tels que. . . . (*Un motif que chacun appréciera
nous porte à supprimer le détail de ces divers genres de
fraude, qui sont insaisissables.*)

Ajoutez à cela que la taxe unique place les vins et les cidres du citadin récoltant sous la main de la régie, qui n'a
plus rien à redouter de son insolvabilité ni de ses livraisons
frauduleuses à l'intérieur, puisque, d'après l'art. 38 de la loi
qu'elle veut abroger, il doit, à moins qu'il n'acquitte tous ses
droits à l'entrée, fournir une caution solvable qui s'engage
solidairement avec lui au paiement de tous les droits sur les
boissons qu'il ne justifierait pas avoir fait sortir du lieu.

Elle a de plus cet avantage pour les intérêts locaux qu'en
abaissant le droit du débit à l'intérieur, elle empêche la consommation de se porter *à l'extérieur* les dimanches et jours
de fêtes, et qu'elle assure la perception des droits d'octroi
par une surveillance plus active sur des objets étrangers aux
boissons.

Enfin, avec la libre circulation dans l'intérieur, le contribuable ne se trouve plus entre l'absurde, l'impossible, et un
châtiment sévère, obligé de courber la tête sous l'arbitraire.

Ainsi, Messieurs, quand la régie cherche à empêcher les
villes de se rédimer et à ramener celles qui le sont sous le régime de l'exercice, elle agit contrairement aux lois de l'é-
quité et de la saine raison, aux intérêts du trésor et à ceux
des communes, qui devraient repousser ses conseils comme
ne tendant qu'au maintien de son despotisme, que la taxe unique met *à la porte*.

Hâtons-nous de le dire, ce mode de perception est le seul
compatible avec nos mœurs et nos institutions. Il est aussi

parfait qu'on peut le désirer. Il faut donc s'empresser de le sanctionner de nouveau par la loi ; même de le rendre obligatoire, comme il l'est à PARIS, *au moins* dans les villes MURÉES OU *reconnues* FERMÉES, suivant l'esprit et le texte de l'art. 81 de la loi des finances du 8 décembre 1814. Le temps, qui perfectionne tout, amènera successivement l'adoption de moyens propres et *économiques* pour empêcher la fraude qui se fait aux barrières.

Quoique la taxe unique soit vivement réclamée par tous les intérêts, la régie est arrivée par ses insinuations perfides à rendre son établissement impossible, en la représentant aux propriétaires comme fatale à leurs intérêts, comme leur faisant supporter une portion notable des charges du débit, tandis que le débitant en perçoit seul les bénéfices ; aux conseils municipaux, comme devant repousser les consommateurs du dedans au dehors par le surcroît de dépense qu'elle leur impose, et comme nuisible au revenu communal par l'absence de toute surveillance à l'intérieur, comme si la fraude ne venait pas du dehors !

Pour vous en donner un exemple sur mille, voici ce qui est arrivé aux Batignolles-Monceau, commune de 20,000 âmes, dont plus d'un tiers est protégé par le mur d'octroi de Paris, et par trois à quatre postes d'employés aux barrières.
Sur la demande de plus de deux cents marchands en gros et débitants, le conseil municipal, après s'en être adjoint, aux termes de l'art. 37 de la loi du 21 avril 1832, un nombre des plus imposés à la patente égal à la moitié de ses membres, arrêta que les exercices seraient supprimés, moyennant la conversion de tous les droits en une taxe unique ; mais bientôt, subjugué par les manœuvres insidieuses de la régie, il rapporta de son autorité privée cette délibération, qui ne pouvait l'être qu'avec le concours des marchands en gros et débitants.

Sur une protestation revêtue de plus de cent cinquante signatures, le conseil de préfecture annula cette dernière délibération comme prise en dehors des attributions du conseil municipal; mais depuis quinze mois il a été impossible aux réclamants, malgré les démarches les plus actives, d'obtenir l'exécution de la délibération régulière, ni d'amener le conseil à délibérer de nouveau sur cette question, d'après les prescriptions de l'art. 37 précité.

Depuis la même époque, les débitants de MONTMARTRE éprouvent les mêmes difficultés.

Ceux de MARSEILLE ont fait, depuis 1832, des efforts inouïs pour obtenir la taxe unique, sans pouvoir y parvenir. Il n'est point d'entraves qu'on ne leur ait opposées.

A VIENNE, *en Dauphiné*, le conseil municipal a été brusquement dissout, en novembre 1840, au moment où il allait délibérer sur l'établissement de la taxe unique. Reconstitué le 1er janvier 1841, on a répondu aux débitants qu'il fallait attendre au mois de novembre prochain, *parce que la taxe unique ne pouvait être établie* QU'AU 1er JANVIER. Ainsi, la régie n'attend pas que l'art. 17 du projet qui vous est soumis ait reçu la sanction des trois pouvoirs pour le mettre à exécution (*page 42*).

La ville de MONTPELLIER ayant été plus heureuse, trois jours de fêtes ont été consacrés par toute la population à célébrer l'établissement de la taxe unique. Vous pouvez juger par là, Messieurs, combien l'exercice est antipathique à ceux même qu'il n'atteint pas.

Pour en finir sur ce point avec l'arbitraire, nous supplions la Chambre, dans le cas où elle ne jugerait pas convenable de rendre la taxe unique obligatoire aux communes d'une certaine population agglomérée, de substituer à l'art. 37 de la loi du 21 avril 1832 la disposition ci-après :

« — Les conseils municipaux des communes d'une population agglomérée de 4,000 âmes et au dessus seront tenus,

» lorsque la demande leur en aura été faite par les deux tiers
» des débitants, de délibérer à la session suivante sur l'éta-
» blissement de la taxe unique, en s'adjoignant pour cette opé-
» ration un nombre de marchands en gros et de débitants les
» plus imposés à la patente égal à la moitié des membres du
» conseil, de telle sorte que les marchands en gros, liquo-
» ristes ou non, ne puissent former plus du tiers des ad-
» joints. »

Les marchands en gros étant ordinairement les plus imposés à la patente, le nombre des adjoints pourrait, d'après
l'art. 37, n'être composé que de marchands en gros, qui
n'ont qu'un intérêt très secondaire à l'établissement de la
taxe unique. C'est par ce motif que nous demandons que
leur nombre soit limité au tiers des adjoints, avec d'autant
plus de raison qu'il peut s'en trouver déjà parmi les conseillers.

Quant aux communes et sections de communes du département de la Seine qui vont se trouver comprises entre le mur
d'octroi et le mur d'enceinte continue, elles appellent de tous
leurs vœux le jour où elles seront placées sous le même régime que Paris, mais en prenant pour base de la taxe unique
le terme moyen des recettes des cinq ou six dernières années,
qui ont été les plus productives depuis quinze ans : car il ne serait pas juste de leur imposer les mêmes charges qu'à Paris, à
elles qui ne jouissent pas des mêmes avantages, dont les pro-
priétés perdent une grande partie de leur valeur par les ser-
vitudes de toute espèce dont elles vont être grevées ; à elles
enfin dont les terrains seront envahis, les récoltes saccagées,
les maisons exposées au feu de l'ennemi et occupées militai-
rement en cas de siége, si elles ne sont pas rasées.

Quand la régie viendra vous dire que le produit des liqueurs lui échappe avec la taxe unique, il lui échappe encore
bien mieux sous le régime de l'exercice ; c'est pour elle, ainsi
qu'elle en convient du reste, la bouteille à l'encre. Comment

atteindre, en effet, une boisson qui se concentre et se dilate à volonté, sans qu'elle puisse y apporter aucun obstacle ; qui se fabrique sans laisser aucune trace, avec d'autant plus de facilité, que le débitant possède *légalement* chez lui toutes les substances dont la réunion produit instantanément la liqueur ? Jusqu'à ce que M. Daguerre ait trouvé un moyen de fixer aussi cette ombre fugitive, il faut que la régie se borne à recevoir sur les liqueurs ce qu'on voudra bien lui donner, n'importe sous quel mode de perception.

Qu'on se rende compte, d'ailleurs, du peu d'importance de la consommation des liqueurs comparativement à celle du vin, objet de première nécessité, dont certes de fortes quantités échappent à l'impôt, sous le régime de l'exercice. Ne faut-il donc pas, dans un incendie, faire la part au feu ? Or celle qu'on lui fait dans ce cas, en supposant qu'il y ait perte, est aussi minime que possible, puisqu'elle se trouve compensée par le produit des non-valeurs de l'exercice, que la taxe unique fait tourner au profit de l'État, et par la suppression de la remise de 3 pour 100, qui, portant sur la totalité des alcools introduits, tandis qu'*un cinquantième* à peine est converti en liqueurs, vient à elle seule rétablir la balance.

En effet, 100,000 hectolitres d'alcool pur paient, à l'entrée d'une ville rédimée, à raison de 37 fr. 40 c. par hectolitre, décime compris, la somme de.   .   .   .   .   3,740,000 fr.

Voyons ce qu'ils payent par voie d'exercice. En supposant que la cinquantième partie (*et c'est moitié plus que la réalité*) soit convertie en liqueurs, et pour cela procédons méthodiquement :

D'abord, le compte des détaillants est débité, à l'arrivée, du montant
des droits, ci.   .   .   .   .   3,740,000 fr.

S'ils convertissent ensuite
2,000 hectolitres d'alcool en

Report.	3,740,000 fr.	3,740,000 fr.
liqueurs (qui est le cinquantième de 100,000 hectolitres), décharge des droits leur est donnée, ci.	74,800 fr.	
Leur compte ne se trouve donc plus débité que de. .	3,665,200 fr.	
Puis on reprend en charge les 5,000 hectolitres de liqueurs, dont le droit, à raison de 37 fr. 40 c. par hectolitre, est de.	187,000 fr.	
Total du débit. . . .	3,852,200 fr.	
Sur laquelle somme déduction leur est faite de 3 pour cent, ci.	115,566 fr.	
Reste.	3,736,634 fr.	3,736,634 fr.
Différence en moins par voie d'exercice. .		3,366 fr.

Ainsi, cent mille hect. d'alcool, dont le cinquantième est converti en liqueurs, rapportent par voie d'exercice 3,346 fr. de moins que par voie d'affranchissement ; de plus, si les liqueurs avaient été fabriquées par des liquoristes, marchands en gros, et revendues aux débitants, on aurait accordé aux premiers 8 p. 100 de remise, indépendamment de celle due à ces derniers ; perte qu'il faudrait encore ajouter aux 3,346 francs, sans parler de toutes les autres non-valeurs auxquelles donne lieu l'exercice ; mais, Messieurs, nous vous prouverons qu'il n'y a même pas une ville où la centième partie de l'alcool introduit soit convertie en liqueur *pour la consommation de la localité*. Vous pouvez donc juger combien on a trompé votre religion et celle des tribunaux.

Nous avions donc raison de dire que la remise de 3 p. 100 compensait *à elle seule*, et au delà, la perte qui résultait pour le trésor de la conversion de l'alcool en liqueurs sous le régime de la taxe unique; que ce n'était point dans l'intérêt du trésor que la régie cherchait à ramener les villes rédimées sous l'exercice, mais dans le seul intérêt de son despotisme; dût l'état y perdre des millions!... Quel argument pourrait-elle donc opposer désormais contre la taxe unique? Les nôtres s'appuient sur la science exacte; qu'on les conteste si on l'ose, *mais en notre présence.*

Que l'on retire des tarifs actuels tout ce qu'ils peuvent produire, *mais par la voie de l'équité et de la douceur, en conciliant tout à la fois les intérêts du commerce, de l'industrie et de la culture, avec ceux du trésor*, et non, comme on vous le demande, en entravant toutes les opérations du commerce, en portant le trouble et l'inquisition dans le domicile des citoyens, en irritant les populations, et en désaffectionnant le chef de l'état, auquel le peuple attribue tous ses maux.

Le seul reproche qu'on puisse faire à la taxe unique, c'est de n'être applicable qu'aux populations agglomérées d'une certaine importance, et de laisser peser sur les autres le système actuel, avec toutes ses tribulations et ses absurdités.

Que faire quand un état de choses est devenu intolérable au point de menacer l'ordre public, et qu'on n'entrevoit pas de perfection possible? Ne doit-on pas chercher à améliorer, s'attacher à prévenir une explosion, *au moins* partout où elle présente le plus de danger, *au sein des populations agglomérées*; à réduire autant que possible le cercle de la fraude là où elle exerce le plus de ravages, *aux centres de la consommation la plus active*, quand surtout on peut en même temps rendre *dans de certaines limites* une liberté complète au commerce et à l'industrie, et arriver à une égale répartition de l'impôt dans les cités?

Eh bien! Messieurs, LA TAXE UNIQUE satisfait à tout cela, et n'est exclusive d'aucune amélioration à l'extérieur des loca-

lités auxquelles elle s'applique. Quoique facultative aujour-
d'hui, la régie a trouvé moyen d'empêcher les contribuables
de jouir de la position paisible qu'elle leur offre; aussi, en
vous demandant de la rendre *obligatoire* dans les cas où elle
était *facultative*, notre principal but est-il de mettre un
terme aux *scandaleuses* machinations que nous vous avons
signalées.

»Toutes les villes, *disait le rapporteur de la commission*
»*chargée de l'examen de la loi du* 28 *avril* 1816, par les
»mémoires renvoyés à votre commission, ou par des délégués
»extraordinaires QU'ELLE A ADMIS A SES SÉANCES, ont proposé
»de payer *l'équivalent* de l'impôt qui les atteignent, POURVU
»QU'ELLES FUSSENT DÉBARRASSÉES DE LA GÊNE ET DES ENTRAVES
»QU'ENTRAINE AVEC LUI LE MODE ACTUEL DE PERCEPTION. »
...... C'était alors, comme aujourd'hui, *le régime de* PARIS,
après lequel aspiraient toutes les populations agglomérées.
Comment peut-on ne pas le leur appliquer, quand il a produit
de si heureux résultats pour la capitale? Cette réticence de la
part de l'administration peut-elle s'expliquer autrement que
ne l'a fait M. CAUMARTIN?.... (Voir pag. 2 de cet écrit.)

Nous avons dit, Messieurs, que les articles 15, 16, 17 et 18,
additionnels au budget, avaient pour but de rendre illusoire
l'affranchissement des villes; nous allons vous le démontrer.

EXAMEN DU PROJET.

Article 15 (1).

Que demande-t-on par l'article 15 ?

« Que *toute personne* qui fabrique ou *prépare* des vins ,
» cidres, poirés, hydromels, alcools ou liqueurs, dans l'in-
» térieur d'un lieu sujet à la perception d'un droit d'entrée
» (*et on n'excepte pas les villes rédimées, remarquez-le*
» *bien*), soit tenue de faire une déclaration douze heures a-
» vant de commencer aucune fabrication ou *manutention*
» qui aurait pour effet de produire des boissons, ou de *chan-*
» *ger le volume* ou la nature de celles qu'elle possède, le
» tout sans préjudice des autres obligations imposées aux fa-
» bricants de liqueurs par la loi du 24 juin 1824;
» Que les employés soient autorisés à faire toutes les véri-
» fications pour reconnaître *à domicile* les quantités *prépa-*
» *rées* ou fabriquées et les soumettre au droit. Toutefois
» cette disposition n'est point applicable aux mixtions d'al-
» cool avec de l'eau que peuvent faire les marchands en gros
» et entrepositaires. »

Avant de passer aux articles suivants, nous analyserons d'abord celui-ci mot à mot, afin d'en faire comprendre le véritable sens et toute la portée.

On demande *que toute personne...* Ceci ne s'adresse pas seulement aux marchands en gros et aux débitants ; c'est à tout le monde sans exception, aux députés aussi bien qu'aux pairs de France.

---

(1) Pour ne par détourner l'attention de la Chambre de l'objet important qui nous occupe, nous renvoyons à la fin la discussion des art. 13 et 14.

....qui fabrique ou PRÉPARE *des vins, cidres, poirés , hydromels....* Ici le mot *fabrique* est employé pour faire croire
à la Chambre qu'il s'agit d'opérations sérieuses ; c'est le passe-
port nécessaire du mot PRÉPARE, qui , par son extrême élas-
ticité, pouvant s'appliquer à presque toutes les opérations
du commerce, enlève aux tribunaux l'appréciation du fait.

..... alcool ou liqueurs.... Que les employés se présentent,
par exemple, chez un confiseur, marchand en gros ou débitant, ou même chez un particulier, et qu'ils y trouvent des
sirops aromatisés destinés à être convertis en confitures ou en
dragées, ils les saisiront comme une *préparation* de liqueurs,
pour peu qu'ils aient en leur possession des alcools. Ce serait
en vain qu'ils objecteraient au tribunal que ces sirops ont une
toute autre destination, qu'ils ne peuvent être considérés
comme une préparation de liqueurs tant qu'ils ne contiennent pas d'alcool. S'ils en contenaient, leur répondra-t-on ,
ce ne serait plus une préparation, mais de la liqueur con-
fectionnée ; et ils seront condamnés. Il en sera de même si on
leur trouve quelques feuilles d'absinthe, quelques fleurs ou
quelques graines, telles que genièvre, anis, etc., à infuser
dans de l'eau-de-vie, bien que destinée à être bue à l'état
d'eau-de-vie aromatisée, ce qui ne change rien à la quotité
du droit, et ce qui ne peut que *diminuer* son volume, elle
sera encore saisie comme *une préparation* de liqueurs. C'est
du reste ce qui a eu lieu chez les sieurs Leroux frères, à Ver-
sailles, ville soumise à la taxe unique, qui ont été condamnés
à 500 fr. d'amende, après avoir parcouru tous les degrés de
juridiction, alors même que la disposition qu'on vous réclame
n'existait pas.

Le débitant ne pourra pas non plus, sans s'exposer à une
amende de 200 fr. et à la confiscation, servir à ses clients
du mélé (on appelle ainsi l'eau-de-vie coupée dans le petit
verre par moitié avec telle ou telle liqueur), dans la crainte
que quelques employés inconnus ou enfarinés comme le chat
de la fable ne se trouvent *mélés*, aussi eux, parmi les bu-

veurs : car, s'il était saisi, la régie appellerait toute la sévérité de la loi sur ce genre de *manutention* ou *fabrication*
frauduleuse, dont le produit, disparaissant instantanément, ne
laisse à la surveillance aucune trace, et il serait impitoyable-
ment condamné, quand même il habiterait une ville rédimée. Telle est, Messieurs, la rigueur de la loi en matière
d'impôts indirects, qu'il n'appartient qu'à l'administration d'ap-
précier les faits. Nous nous bornerons à ces citations, car on
n'en finirait pas s'il fallait vous faire ici la nomenclature de
tout ce qui pourrait être considéré comme une *préparation*
saisissable à un titre ou à un autre.

. . . . . . *dans l'intérieur d'un lieu sujet à la perception*
*du droit d'*ENTRÉE..... Il n'y a point de villes rédimées qui
ne soient sujettes au droit d'entrée ; d'ailleurs la taxe unique
elle-même est un droit d'entrée ; or, dès qu'on n'a pas créé
d'exception en leur faveur, toutes ces prescriptions leur sont
applicables. Le deuxième paragraphe de l'article 16 ne laisse
aucun doute à cet égard. On aurait beau alléguer, *comme le*
fait aujourd'hui la régie par rapport à PARIS, que les villes
rédimées sont en dehors du droit commun, puisqu'elles sont
affranchies des formalités de l'exercice, on opposerait l'axio-
me de droit : *Posteriora derogant prioribus*.... Quand deux
lois se contrarient dans leur exécution, la plus récente doit
toujours être considérée comme une modification de la plus
ancienne ; ainsi voilà l'exercice avec toutes ses tribulations,
ses entraves, ses rigueurs et ses absurdités, moins ses bénéfices, rétabli au sein des villes qui, sans parler des autres
avantages, font au trésor l'avance des droits et lui paient 3
pour 100 de plus que les autres pour en être affranchies....

... *soit tenue, sous les peines portées par l'art. 46 de la loi*
du 28 avril 1816, de faire une déclaration douze heures
avant de commencer... D'après l'art. 139 de la loi de 1816
que nous devons à la restauration, les distillateurs exercés
ne sont obligés, dans les villes, à déclarer leur fabrication
que quatre heures à l'avance. Ici on en demande douze, et à

qui?.... A des personnes qui, par le paiement de tous les droits, sont affranchies de l'exercice. Quelle garantie faut-il donc de plus au trésor?

Pour que la fraude soit à redouter, il faut qu'il y ait intérêt à la faire. Quel serait donc le distillateur (*qui est l'industriel que la régie redoute le plus*) assez stupide, même à Paris, où l'alcool paie à l'entrée 82 fr. 50 c. par hectolitre, pour convertir en eau-de-vie des vins qui ont été frappés des droits de détail, d'entrée et d'octroi?

Il n'y a pas de vin, tant petit soit-il, qui ne se vende à Bercy au dessus de 30 fr. la pièce, même dans les années où le vin est à plus bas prix : or, pour obtenir un hectolitre d'alcool pur, il ne faudrait pas moins de sept pièces de vin, dont le montant serait, à 30 fr. l'une, de. . . . . . . 210 fr.

Il faut y ajouter les droits imposés, à l'entrée, à raison de 45 fr. par pièce, ci. 315

Et pour frais de fabrication environ. 15

L'hectolitre d'alcool pur fabriqué EN FRAUDE, comme le dit la régie, reviendrait donc à. 540

tandis que celui fabriqué à Montpellier ne revient, au cours du jour, qu'à 155 fr., et, année commune, à 170

D'où résulterait pour *ce* FRAUDEUR, *sur lequel la régie appelle toute la sévérité des lois*, une perte incontestable, par hectolitre, de. . . . . . . 370 fr.

Si elle veut contester nos calculs, nous ferons à son aveuglement ou à sa mauvaise foi la part la plus large possible en admettant que le vin ne coûte rien; et alors, déduction faite des 210 fr. 210

la perte ne serait-elle pas encore *par hectolitre* de. 160 fr.

Or est-il jamais possible d'obtenir le vin à ce prix ?...

Il en serait de même dans une ville où la taxe unique sur

les vins serait moins élevée, parce que celle sur les eaux-de-vie serait en proportion.

Le plus fidèle gardien de l'impôt comme son plus cruel ennemi, c'est l'intérêt : là où il n'y a pas intérêt à frauder, la surveillance des employés devient inutile et leur suppression nécessaire. Voilà, soyez-en persuadés, Messieurs, une des principales causes de l'antipathie de la régie contre l'affranchissement ; mais qu'elle conserve son personnel et qu'elle reporte toute sa surveillance à l'entrée, elle obtiendra beaucoup plus par la taxe unique que par l'exercice, cela ne fait aucun doute.

Telle est l'impéritie, l'exagération fiscale, l'insatiable cupidité de la régie, que, pour se garantir de fraudes imaginaires, elle arrête à chaque pas la marche du commerce en entassant entraves sur entraves, tandis qu'elle laisse d'un autre côté toutes les portes ouvertes aux fraudes réelles.

Lorsqu'il s'est agi, en 1816, d'empêcher les introductions frauduleuses dans les débits, elle n'a trouvé d'autre moyen que d'interdire l'usage des fûts au dessous de l'hectolitre ; mesure aussi pernicieuse aux intérêts du trésor que désastreuse pour ceux du commerce, comme nous le démontrerons plus loin.

Quelle mesure a-t-elle demandée et obtenue en 1824 pour empêcher les simulations de vente en nature par les liquoristes marchands en gros ? Elle a prohibé la sortie des eaux-de-vie et esprits en nature de leurs fabriques autrement qu'en fût contenant au moins un hectolitre ; de sorte qu'ils ne peuvent, sans s'exposer à être saisis (et on n'en laisse pas échapper l'occasion), expédier un litre de kirch, de rhum, de cognac, d'absinthe ou de genièvre, comme assortiment dans un panier de liqueurs. Elle paralyse donc entièrement cette branche de leur industrie, sans aucun avantage pour la perception, ainsi qu'elle en est convenue du reste dans sa circulaire 175 du 29

janvier 1834 : « La limite de 25 bouteilles ou d'un hec-
» tolitre pour les ventes en gros n'est point, dit-elle, une ga-
» rantie contre les abus : car il est aussi facile aux marchands
» en gros de couvrir leurs manquants à l'aide de ventes simu-
» lées de 100 litres qu'à l'aide de 20 à 100 litres en barils,
» ou de 24 litres et au dessous en bouteilles. Cette limite,
» ajoute-t-elle, n'est dès lors qu'une restriction sans avantage
» réel pour la perception. »

Et cependant, Messieurs, comme pour vous donner la mesure de l'intérêt qu'elle porte aux négociants de bonne foi,
pour lesquels elle affecte tant de sollicitude en votre présence,
elle n'en a pas moins prescrit, depuis, la saisie de tous les spiritueux expédiés de la sorte, bien qu'il en résulte pour le trésor le même bénéfice que s'ils étaient convertis en liqueurs
dans la proportion de quarante pour cent, puisque, d'une
part, elle n'accorde décharge aux liquoristes sur les manquants que de 40 litres d'alcool lorsqu'ils en expédient 50,
75, ou 85 litres, et que, de l'autre, elle perçoit le droit chez le
destinataire comme si ces spiritueux contenaient un hectolitre d'alcool pur. Ainsi, bien qu'elle puise pour le même
objet dans deux bourses à la fois et qu'elle en retire deux et
demi pour un, sa cupidité n'est pas satisfaite ; elle va chercher en outre dans la saisie quatre à cinq cents pour un, et elle
en use largement, sans se croire liée en aucune façon par les
autorisations qu'elle a données. Nous avons et nous pourrions
encore vous donner mille preuves de tous ces faits.

Au lieu de nous débarrasser de toutes ces entraves inutiles, que vous demande-t-on aujourd'hui ? De lier et gar-
rotter de nouveau notre industrie. Et dans quel but ? Dans l'espoir de *saisir une ombre*. La régie veut s'immiscer à toutes nos
opérations, s'emparer, si elle peut, non seulement de tous les
bénéfices qu'elles présentent, mais encore de nos secrets de
fabrication : il faudra prévenir les employés douze heures à
l'avance pour qu'ils assistent à nos préparations ; ils pourront

prendre toutes les notes qu'il leur conviendra, communiquer, vendre ou exploiter à leur profit nos procédés, fruits de longs et pénibles travaux, d'expériences coûteuses ou de sacrifices importants.

Voilà, Messieurs, ce qu'on vous demande par ces mots : *sera tenu de faire une déclaration douze heures avant de commencer aucune fabrication ou manutention*, etc.

Ceux qu'on n'aura pu atteindre à l'aide de la *préparation* n'échapperont certes point au danger de la *manutention*. Ces deux mots sont les rivets de la lourde chaîne qui, appliquée aux opérations du commerce et de l'industrie, en paralyserait les efforts. Quelle limite leur assignera l'arbitraire ? sera-t-il permis désormais de toucher à ses boissons pour les soutirer ? faudra-t-il appeler les employés pour s'assurer qu'on les boit dans l'état où elles ont acquitté les droits ? Mieux vaudrait, Messieurs, nous cachteer la bouche et nous faire payer les droits à l'entrée ; cela ne serait ni plus absurde ni plus vexatoire.

. . . *qui aurait pour effet de produire, des boissons....* Et si ce sont des boissons d'une nature nouvelle provenant de fruits étrangers, comment les imposera-t-on ? Comme vin, comme cidre, comme hydromel, comme alcool ou liqueur ? Ou bien les tiendra-t-on sous le scellé jusqu'à ce qu'on ait obtenu un tarif qui leur soit applicable ? Si l'on n'appelle pas cela nuire au développement de l'industrie!.. Qu'est-ce donc ?

. . . . . *ou de changer le volume ou la nature de celles qu'elle possède.....* Ainsi voilà l'abondance des maîtres de pension confisquée au profit du trésor, ou imposée comme le vin à l'entrée, car c'est évidemment ou *une préparation*, ou *une fabrication* ou *une manutention*, ayant pour effet *de décupler* et plus le volume du vin, puisqu'on n'excepte, comme vous allez le voir bientôt, que les mixtions d'eau avec l'alcool, et qu'il n'est pas permis, en matière d'impôt, de créer d'exception où la loi n'en a pas établi... Quel déluge de boissons et d'impôts !...

Pourquoi, en effet, l'abondance échapperait-elle à la taxe? Le débitant qui ferait une telle opération ne serait-il pas saisi et condamné comme un fraudeur? Lorsqu'il coupe un litre de liqueur en deux avec de l'eau, n'est-il pas puni d'une amende de 500 à 1,000 fr. comme ayant fabriqué des liqueurs sans déclaration? Le maître de pension est-il donc autre chose qu'un débitant, d'après l'art. 50 de la loi de 1816?

. . . . . *le tout sans préjudice des autres obligations imposées aux fabricants de liqueur par la loi du 24 juin...*, qui commence par : *Nul ne peut...* Ainsi, avec ces mots, *nul ne peut,* et, *toute personne qui fabrique, prépare ou manutentionne...*, qui donc désormais pourra échapper aux rigueurs de l'exercice , quand, d'un autre côté, les employés seront autorisés à faire *arbitrairement* toutes les vérifications pour reconnaître A DOMICILE les quantités préparées ou fabriquées et les soumettre aux droits? Voilà donc l'exercice imposé à tous et pour tout, excepté les mixtions d'alcool avec de l'eau, que peuvent seuls faire les marchands en gros, les distillateurs et les entrepositaires.

En cas de soupçon de fraude à l'égard des particuliers non sujets à l'exercice, les employés sont autorisés, *par l'*ART. 237, à faire des visites dans l'intérieur de leur habitation, en se faisant assister du juge de paix, du maire, de son adjoint ou du commissaire de police, lesquels sont tenus de déférer à la réquisition qui leur est faite et qui devra être transcrite en tête du procès-verbal; *mais ces visites ne peuvent avoir lieu que d'après l'ordre d'un employé* SUPÉRIEUR, du grade de contrôleur au moins, qui doit rendre compte de ses motifs au directeur de département.

Telles sont les sages prescriptions de l'art. 237 de la loi de 1816, qui , pour mieux assurer l'inviolabilité du domicile des citoyens, a ajouté cette dernière garantie à celles établies par l'art. 83 de la loi du 5 ventôse an 12. Ainsi, l'adoption de l'art. 15 nous ferait reculer au delà de l'an 12 : *régime des* AIDES.…

La régie veut aujourd'hui que vous confériez aux employés subalternes le droit *arbitraire* de visite et de perquisition chez *toute personne* indistinctement *sans l'assistance d'un officier de police ni l'autorisation préalable d'un de leurs chefs supérieurs.* Si telle n'était pas son intention, réclamerait-elle d'autres dispositions que celles précitées ? Elle veut, soyez-en sûrs, les affranchir de la présence de ce tuteur incommode qui, parfois, les oblige à respecter nos droits, comme nous venons d'en avoir tout récemment un exemple à Saint-Germain, et précédemment à Vincennes (1), Charenton et autres localités.

Ainsi voilà les clefs de tous les domiciles remises aux SURNUMÉRAIRES, et les marchands en gros replacés sous le régime de la loi de 1806..… *Toute personne* soupçonnée désormais de *préparer, fabriquer* ou *manutentionner* des boissons, devra, sur la simple sommation des employés *subalternes*, leur permettre toutes les investigations auxquelles ils voudront se livrer.

*Conséquences de l'*ART. *15, combiné avec l'*ART. *16.*

Tel est, Messieurs, pour nous, qui avons malheureusement appris à lire dans les actes de la fiscalité et à comprendre son langage, tel sera également pour les tribunaux le véritable sens de ces mots : les employés seront autorisés à faire *toutes les vérifications* pour reconnaître *à domicile* les quantités *préparées* ou *fabriquées*..… Chez qui ? Chez *toute personne* soupçonnée... En quels lieux ? Dans les communes

---

(1) A Vincennes, le maire demande au contrôleur : Chez quel rédimé soupçonnez-vous la fraude ? — Chez *tous*.… — Alors je vois quelle est votre intention, je ne vous accompagnerai chez personne.

soumises au droit d'entrée; ce qui comprend, sans aucun doute, les villes RÉDIMÉES, d'après le contexte du deuxième § de l'art. 16, où est il dit « que le droit de consommation sur les » alcools continuera d'être perçu en même temps que le droit » d'entrée. » On fait ainsi du droit de consommation *l'accessoire* du droit d'entrée. Et dans quel but?.... *Pour rendre l'affranchissement des* EXERCICES *illusoire, pour l'*ABOLIR *en un mot.*

Eh bien ! que la régie soit sincère ; qu'elle le demande *formellement.* Mais elle ne le fera pas ; elle sait trop bien qu'elle soulèverait les répugnances de la Chambre et celles du pays ; certaine qu'elle est d'ailleurs de voir les villes *rédimées* rentrer d'elles-mêmes sous le régime de l'exercice, lorsqu'il ne leur restera plus *de la rédemption* que LES CHARGES.

En effet, il n'y a pas affranchissement quand il existe une réserve quelconque sur l'objet *affranchi*; l'obligation pour le contribuable de faire une chose entraîne pour la régie celle de s'assurer s'il n'élude pas les prescriptions de la loi.

Ainsi, que la déclaration soit imposée avant de commencer chaque opération, *ou* UNE FOIS *pour toutes*, la régie pourrait, même dans les villes *rédimées*, si elles n'étaient pas exceptées de la mesure, s'introduire aussi souvent qu'il lui plairait dans le domicile des citoyens, *sous prétexte de s'assurer* s'ils n'ont pas augmenté le volume ou changé la nature de leurs boissons, si, en un mot, *ils les boivent ou les vendent dans l'état* où elles ont acquitté les droits : chose monstrueuse dans les mains d'une administration habituée à user de son pouvoir jusqu'à l'exagération !... Non, Messieurs, vous n'établirez point une semblable inquisition, qui rencontrerait la résistance la plus opiniâtre : car personne ne croirait que telle a été l'intention de la Chambre.

On viendra vous dire que l'art. 15 n'est que la reproduction de l'art. 36 de l'ordonnance du 9 décembre 1814, relatif aux octrois, lequel n'a, dit-on, excité aucune plainte. La raison en est simple: c'est qu'étant annulé par l'art. 150 de la loi de 1816, *en ce qui touche les boissons*, il n'a pu être mis à exécution; et d'ailleurs *il y a cette différence*, qu'on demande aujourd'hui une déclaration *préalable*, tandis qu'il ne s'agissait, dans ce règlement des octrois, que de déclarer *ce qui avait été fabriqué*, et d'en acquitter IMMÉDIATEMENT les droits.

Pourquoi donc ce luxe de précautions à l'égard de boissons qui ont acquitté tous les droits dont elles étaient passibles?

Nous avons démontré (page 24, § 1) par la logique la plus sûre, celle des chiffres, que la distillation *clandestine* des vins *frappés* de la taxe unique serait aussi préjudiciable à celui qui l'opérerait qu'avantageuse au trésor et aux communes par le surcroît de consommation qu'elle entraînerait;

Et (page 16, § 3) que la perte résultant pour le trésor de la conversion de l'alcool en liqueur, dans les villes *rédimées*, se trouvait rachetée et au delà par la suppression de la remise de 3 pour 100, qui porte sur la totalité des alcools *débités*, tandis qu'un centième à peine est converti en liqueur. Ajoutez à cela que, sous le régime de la taxe unique, il n'est accordé aucune décharge de droit pour les boissons *gâtées ou perdues*, pour l'alcool converti en liqueur, *dénaturé* pour l'industrie, ou *versé sur les vins* dans l'intérêt de leur conservation; que l'état est à couvert *de l'insolvabilité* du débitant, et qu'il perçoit *de nouveau* le droit sur toutes les boissons expédiées en dehors du lieu *rédimé*, *sans égard pour ceux perçus* lors de leur introduction, etc., etc... N'est-ce pas là retirer des tarifs tout ce qu'ils peuvent produire?...

Que veut donc de plus la régie? Imposer l'eau que le consommateur met dans son vin; percevoir un nouveau droit sur les boissons chaque fois qu'elles changeront de forme, ou plutôt *avoir un prétexte pour rétablir l'*EXERCICE *au sein des villes qui* S'EN SONT AFFRANCHIES; *mieux vaudrait abolir* LA RÉDEMPTION, *qui va devenir* UNE POMME DE DISCORDE, UN GUET-APENS *tendu à la bonne foi....*

Maintenant, Messieurs, pour bien comprendre la portée du § 1er de l'art. 16, il faut que vous sachiez comment la régie entend l'affranchissement, et comment elle a exécuté la loi du 21 avril 1832 jusqu'à ce jour.

Depuis 1830 jusqu'à 1837, elle engageait les débitants à s'affranchir en leur disant qu'ils pourraient convertir leurs eaux-de-vie en liqueurs sans payer aucun supplément de droit. Nous devons lui rendre cette justice de dire qu'elle se montrait alors bienveillante à notre égard, et l'augmentation progressive des produits était pour elle un témoignage irrécusable qu'elle ne peut que gagner à une sage administration. Mais tout à coup, poussée par une fâcheuse inspiration, elle redevint exigeante et tracassière, prit l'initiative des hostilités, et réveilla des querelles que la sagesse des lois de 1830 et 1832 avait éteintes, et qui se raniment aujourd'hui avec plus d'énergie que jamais.

Son mot d'ordre fut dès lors : *Plus d'abonnement, plus de rédemption*, et cette consigne a été observée depuis par les employés avec d'autant plus de zèle et de fidélité qu'elle est pour eux une question d'avenir, car le rétablissement complet des exercices élargirait la carrière des avancements.

La nature des moyens captieux mis en usage pour atteindre ce but a dû varier suivant la position, le caractère ou l'intelligence des contribuables.

Aux débitants de tabac qui font le commerce des liquides on disait : Vous faites en quelque sorte partie de l'administration, vous tenez de sa confiance votre établissement, et en vous rédimant vous donnez la preuve que vous vous défiez d'elle. Nous ne vous contestons pas le droit de le faire, mais elle a aussi celui de disposer de votre bureau en faveur d'un autre qui ne lui témoignera pas la même défiance; si vous u- sez de votre droit, vous ne trouverez pas mauvais qu'elle use également du sien.

Quant aux débitants *abonnés*, on leur déduisait et on leur déduit encore des motifs plus ou moins spécieux pour leur prouver que leur commerce a pris de l'extension et doit con- tinuer à en prendre, afin de leur rendre l'abonnement oné- reux en en exagérant le taux.

Leur audace a même été souvent jusqu'à affirmer à quel- ques uns que les lois sur l'abonnement et la rédemption a- vaient été abrogées. C'est ainsi qu'on abuse de leur ignorance pour les tromper.

Mais comme ces manœuvres insidieuses manquaient sou- vent leur effet, le despotisme de la régie s'en irrita. Mise A LA PORTE des villes et des débits RÉDIMÉS par la loi du 21 avril, elle chercha à y rentrer de vive force par LA FENÊTRE. Or, pour y parvenir avec sécurité, il fallait inventer un prétexte qui s'appuyât en apparence sur quelques dispositions légales, et elle en trouva une qui servit merveilleusement ses desseins dans l'article 1er de la loi du 24 juin 1824, qui dispose que « nul ne peut exercer la profession de fabricant de liqueurs » sans en avoir fait la déclaration préalable au bureau de la » régie. »

Faisant alors application de cet article aux rédimés, elle leur contesta le droit de convertir leurs alcools en liqueurs sans déclaration; et à cet égard, comme toute réserve entraîne nécessairement une surveillance, autrement elle ne produirait aucun résultat, elle s'arrogea le droit de faire chez eux des vi - sites et perquisitions, *de compter, déguster, peser* et *jauger* leurs liquides *affranchis*, et de les *prendre en charge aux portatifs;* de faire en un mot, en vertu de l'art. 237, dont elle exagéra la puissance, tout ce qui lui est interdit *par l'ab-*

rogation des art. 52 , 53 , 54 , etc. , de la loi du 28 avril 1816, prononcée PAR L'ART. 45 *de celle du 21 avril* 1832 , qui déclare ABROGÉES toutes dispositions des lois antérieures qui lui seraient contraires, c'est-à-dire qui aurait pour effet de rétablir l'exercice par des voies indirectes.

Son système une fois établi, elle ordonna, sans aucun avis préalable, des visites chez tous les rédimés à la fois , et la saisie des liqueurs préparées ou fabriquées à l'égard desquelles ils ne pourraient justifier du paiement des droits ; et cela après leur avoir mille fois répété que l'affranchissement leur conférait le droit de fabrication , après l'avoir proclamé dans ses circulaires et annales, après enfin que ce principe avait reçu la sanction du temps par sept années d'existence paisible ; et, pour mettre le comble *à l'infamie* (c'est le mot, Messieurs , pour qualifier de tels actes), elle les représenta aux tribunaux comme des fraudeurs et les fit condamner à des amendes considérables et à la confiscation des boissons saisies. (*Le tribunal de Corbeil vient enfin de débouter l'administration sur ce chef.*)

Ses premiers essais ayant réussi au delà de son attente , elle prescrivit dans sa circulaire 170 , ci-jointe, d'établir aux rédimés des comptes d'entrée et de sortie sur les portatifs, et de faire chez eux des recensements *ordinaires* et *extraordinaires* (1) dont la fréquence dépend uniquement du caprice des employés *subalternes*, auxquels on a soin de donner à l'avance un certain nombre d'autorisations signées en blanc sur lesquelles il ne reste à ajouter que la date et le nom du débitant rédimé au moment où il leur prend envie de l'exercer.

Mais rien de ! ceci n'était possible dans les villes où LA CIRCULATION ÉTANT LIBRE , tout entre et sort des débits sans

---

(1) Conçoit-on des recensements ordinaires et extraordinaires chez des personnes affranchies de toutes les formalités de l'exercice ?

laisser aucune trace *légale* de son passage. En vous demandant , Messieurs , que les formalités à la circulation soient maintenues dans l'intérieur des villes rédimées , comme dans le reste du royaume , on veut que l'expédition, qui reste à la barrière, accompagne les boissons jusqu'à la porte des débits, et afin d'isoler les débitants du reste de la population et qu'ils ne puissent se soustraire aux rigueurs de l'exercice qu'on leur réserve en alléguant qu'ils ne sont que des consommateurs , on vous demande en outre de leur imprimer sur le front le cachet de la profession en restituant aux licences leur destination primitive.

Cette mesure aurait pour résultat inévitable de diminuer la consommation, en restreignant le nombre des débits, qui lui est toujours favorable : car le droit de licence, réparti sur tout le monde (*ce qui est juste, puisque chacun est libre de débiter*), n'augmente la taxe unique que d'une manière *insensible*, tandis que, perçu *individuellement*, il s'élève jusqu'à 22 fr. dans certaines communes, ce qui devient une charge beaucoup trop lourde pour la plupart des débits.

En résumé, Messieurs, pour que rien ne vous échappe de ce qu'on demande par les articles 15 et 16, il faut que vous sachiez l'abus auquel on veut remédier en apparence. Nous allons donc faire en deux mots, pour elle, l'exposé des motifs de son projet tels qu'ils auraient dû être présentés : car il y a effectivement quelque chose à faire dans l'intérêt de l'équité, là où elle veut tout bouleverser.

Tout paiement de droit fait *à l'entrée* d'un lieu quelconque est un abonnement, une transaction qui entraîne renonciation de part et d'autre à se rien répéter ultérieurement, tant qu'on reste dans les limites du contrat (*intra muros*).

Pour les droits dont la quotité varie suivant le prix de la vente, le taux de l'abonnement se discute, aux termes de l'art. 70 de la loi du 28 avril 1816, entre la régie et le contribuable, en prenant en considération les consommations des années antérieures, ainsi que les circonstances qui doivent influer sur le débit pendant l'année pour laquelle l'abonnement est requis, sauf recours au conseil de préfecture, et, en dernier ressort, au conseil d'état.

Voilà le principe de l'abonnement sur les vins, cidres et poirés, auquel nous reviendrons lors de la discussion de l'art. 19, pour ne nous occuper maintenant que de ce qui concerne les art. 15 et 16.

Quant aux droits fixes, le taux d'abonnement est réglé par la loi ; il consiste, pour les alcools (*eaux-de-vie*, *esprits et liqueurs*), dans le simple paiement du droit de consommation à l'ENTRÉE OU à l'ARRIVÉE, *comme étant le* TERME MOYEN *des éventualités de l'exercice :* car, si ce dernier mode de perception procure parfois au trésor le double de ce droit, souvent aussi il en entraîne la perte totale. En effet, lorsque l'alcool est converti en liqueurs dans la proportion moyenne de quarante pour cent, il rapporte au trésor deux fois et demi le droit de consommation au lieu d'une ; mais, s'il vient à se détériorer, ou à se perdre par suite d'accident, ou à être dénaturé pour l'industrie, ou si le débitant devient insolvable, il y a perte *de la totalité* du droit dans chacun de ces cas.

Sous ce mode de perception (l'exercice), la régie, accordant décharge de la perte, chaque fois que les opérations en présentent, a droit au bénéfice quand elles en offrent.

Mais comme, sous le régime de l'affranchissement, elle n'accorde aucune décharge ni remboursement des sommes payées lorsque les opérations postérieures au paiement du droit sont désavantageuses aux rédimés, elle ne peut en conséquence, dans le cas contraire, prétendre à aucun supplément de droit.

Telles sont, Messieurs, les conséquences nécessaires du

paiement du droit *par exercice* et de celui *par abonnement ou affranchissement*. Ainsi, dans ce dernier cas, la régie n'est pas plus fondée à réclamer un supplément de droit pour la plus-value résultant de la conversion de l'alcool en liqueurs qu'elle ne le serait si elle en exigeait un du débitant qui, abonné sur le taux de vingt pièces de vin par an, en aurait vendu quarante, attendu que, s'il en avait vendu moins de vingt, elle ne lui accorderait aucune diminution. A qui est la perte appartient le bénéfice.

C'est en vertu de ce principe, et non par erreur, comme elle le prétend, qu'elle a dit dans ses Annales : « Sous ce mode de » perception (la taxe unique), la fabrication des liqueurs est » libre ; mais le droit de consommation est dû (comme cela » se pratique à Paris) sur toute quantité expédiée au dehors » du lieu rédimé. »

C'est encore par suite de ce principe que le paiement du droit d'entrée a été considéré jusqu'à ce jour comme un abonnement qui entraîne avec lui la liberté d'action pleine et entière *intra muros* (pour ce qui le concerne bien entendu), parce qu'il est définitif et qu'il ne donne lieu à remboursement en aucun cas; principe, du reste, formellement consacré par l'ordonnance du 2 janvier 1819, qui dispose « que » le droit est dû à la fabrication *dans l'intérieur* comme à » *l'entrée* sur les vins, cidres, poirés, vinaigres, verjus, hy- » dromels et autres boissons (*liqueurs* par conséquent), *quand* » *les substances employées dans la fabrication ne sont as-* » *sujetties à aucun droit à l'*ENTRÉE. » *Non bis in idem.*

De cet état de choses il résulte entre les RÉDIMÉS et les EXERCÉS, et entre ces derniers *eux-mêmes*, suivant qu'ils se trouvent placés les uns en dedans et les autres en dehors d'un lieu assujetti, un droit d'entrée quelconque, une inégalité d'impôt telle qu'elle établit un monopole pour chacun dans sa position.

Supposons, pour le premier cas, deux liquoristes établis, l'un en dedans et l'autre en dehors de Paris, opérant tou deux sur 40 litres d'alcool pur convertis en un hectolitre de liqueurs.

Le premier, ayant payé sur ses 40 litres d'alcool le droit à l'entrée à raison de 82 fr. 50 c. par hectolitre, ce qui fait 33   » ne doit plus rien sur les 100 litres de liqueurs qui en proviennent, soit qu'il les consomme ou qu'il les vende *intra muros*.

Mais, s'il les expédie à l'extérieur, il paiera, ou le destinataire, suivant la nature de l'expédition, le droit de consommation, qui est par hectolitre de. 37   40

Plus, les droits de banlieue, d'entrée et d'octroi, si le lieu de la destination y est assujetti, qui s'élèvent, dans certaines communes du département de la Seine, à 38 fr. 50 c. par hectolitre, savoir :

Droit de banlieue. 26   »
Idem d'entrée et d'octroi. 12   50

Le tout sans égard pour les droits de consommation, d'entrée et d'octroi, payés à l'entrée de Paris sur les 40 litres d'alcool employés dans la fabrication des 100 litres de liqueurs.

Total. . . . 108   90

Il se trouve donc payer 108 fr. 90 c. de droit sur un hectolitre de liqueurs, dont la valeur vénale est de 65 à 80 fr.

Tandis que son confrère de l'extérieur, qui obtient décharge de l'eau-de-vie entrant dans sa fabrication, ne paie sur le produit que le droit de consommation. 37   40
celui de banlieue. 26   »
et ceux d'entrée et d'octroi. 12   50

75 f. 90 — 75   90

Différence au préjudice du RÉDIMÉ par hectolitre. 33 f. »

Mais, dans le cas contraire, le résultat est tout différent. Le fabricant *de l'intérieur* ne paie, comme nous venons de le voir, par hectolitre de liqueur fabriquée et vendue *intra muros*, que 33 fr., droit des 40 litres d'alcool employé dans sa fabrication, ci . . . . 33 .

Quand son confrère *de l'extérieur* est obligé d'acquitter *à l'entrée* la taxe unique, à raison de 82 fr. 50 c. par hectolitre, non sur l'alcool employé dans sa fabrication, mais sur les 100 litres de liqueur qui en sont le produit, ci 82 50

D'où résulte pour l'EXERCÉ à son tour une perte par hectolitre de 49 fr. 50 c., ci . . . . 49 f. 50

Il vous est facile de comprendre maintenant, Messieurs, qu'une inégalité semblable existe entre LES EXERCÉS eux-mêmes, suivant qu'ils sont établis les uns en dedans et les autres en dehors d'un lieu assujetti aux droits de banlieue, d'entrée et d'octroi, puisque, aux termes de l'ordonnance précitée, celui de l'intérieur, après avoir payé ces droits sur l'alcool, *à l'entrée*, n'a plus à les payer sur le produit de la fabrication *intra muros*.

Relativement au premier cas, il n'y a absolument rien à changer ; cette position est forcée. Si, par exemple, afin de compenser la perte qu'on dit résulter pour le trésor de la conversion de l'alcool en liqueur par *les rédimés* et rendre *aux exercés* la concurrence possible *intra muros*, vous augmentiez l'alcool d'une somme quelconque pour les premiers, il faudrait, d'un autre côté, pour être justes à leur égard, que vous leur accordassiez décharge des droits de consommation, d'entrée et d'octroi, payés à l'entrée sur l'eau-de-vie employée dans la fabrication des liqueurs, lorsqu'ils les expédient *à l'extérieur*, afin de pouvoir les mettre à leur tour à même de vendre au même prix que les liquoristes *de l'extérieur;* or, le plus absorbant le moins, on arriverait en définitive au même résultat :

la perception du simple droit sur l'alcool, qui, comme nous l'avons déjà dit, est le terme moyen des éventualités de l'exercice, car l'exercice deviendrait de toute nécessité la cheville ouvrière d'un tel système.

Les Rédimés et *les Exercés* étant en tous points soumis à des règles différentes, vous ne pouvez jamais, Messieurs, les réunir sous le même drapeau : ce sont deux nations étrangères, ayant des mœurs et un idiome différents ; pour en être compris, il faut parler à chacune son langage...

Mais il n'en est point ainsi à l'égard *des exercés entre eux*, qui, assujettis aux mêmes charges, ont droit aux mêmes avantages. Or, rien de plus facile que d'harmoniser leur position : il suffit de soumettre les droits LOCAUX au même régime de perception que le droit DE CONSOMMATION et DE DÉTAIL, sans que pour cela il soit besoin d'accroître l'arsenal des rigueurs et des absurdités, car ces droits ne sont ni plus ni moins faciles à frauder que celui de consommation.

N'y a-t-il pas une anomalie choquante à opérer *chez le même individu* la perception d'une partie des droits *par exercice*, et l'autre *par abonnement*, surtout dans les villes où il n'y a pas de bureau *à l'entrée*.

Les conséquences de ce système bâtard sont, pour le débitant, d'ajouter les charges de l'affranchissement à celles de l'exercice, et, pour la régie, de la mettre à la merci de la fraude et de la négligence des employés : car aucun acte au portatif ne prouve à l'administration que la représentation des quittances prescrite par l'art. 53 a eu lieu.

La chambre, ne voulant accorder que des mesures productives, et tenant à ne pas augmenter les tribulations du commerce, repoussera, sans aucun doute, les art. 15 et 16, et les remplacera par la disposition suivante, que réclament tous les intérêts à la fois.

« ART. 15. A partir de la promulgation de la présente loi,

» les droits d'entrée, d'octroi et de banlieue, sur les bois-
» sons, seront soumis aux mêmes régimes de perception que
» le sont les droits de consommation, de circulation et de
» détail. »

Cette disposition, qui consiste à accorder l'entrepôt pour
les droits *de localité*, placerait *tous les exercés* sur la même
ligne, et profiterait *au trésor* ainsi qu'*aux communes*, puisque
aujourd'hui le produit de la fabrication *intérieure* n'est point
passible du droit imposé à l'ENTRÉE, *lorsque les substances
employées y sont assujetties;* conséquence nécessaire de tout
paiement fait *à l'entrée* ou *à l'arrivée;* elle enlèverait, en
outre, à la fraude l'appât que lui offrent les droits *exception-
nels*, surtout quand ils ne sont pas mieux garantis que dans
la banlieue *de* PARIS : car les fabricants *de l'extérieur*, placés,
par le paiement de droits qui n'atteignent point leurs confrères *de l'intérieur*, dans l'impossibilité de vendre *intra
muros* au même prix qu'eux, *lorsqu'ils livrent avec expédition*, engagent alors les débitants *à ne point prendre
d'expéditions*, tandis qu'ils ont un intérêt tout opposé quand
la voie légale leur est ouverte, puisque ce genre de fraude,
qui présente beaucoup de risques, *ne profite qu'aux destina-
taires.*

D'un autre côté, l'expéditeur du dehors ne peut ramener chez
lui les boissons refusées *à l'intérieur* qu'en perdant le montant des droits perçus *à l'entrée;* et si, pour éviter cette
perte, il les dépose *en transit*, dans l'espoir d'en trouver le
placement plus tard, les frais de magasinage et l'infidélité
des entrepositaires ont bientôt absorbé son bénéfice, et même
assez fréquemment *la valeur de l'objet.*

Enfin, cette disposition n'est pas moins avantageuse *au
commerce intérieur, quand il ne jouit pas de l'entrepôt*
pour ses livraisons *à l'extérieur*, puisqu'il n'obtient pas décharge des droits payés *à l'entrée.*

Ce nouvel ordre de choses aurait donc le mérite de concilier tous les intérêts à la fois , et l'administration ne pourrait s'opposer à son adoption *sans donner à la chambre le secret de ce qu'elle voulait obtenir par les articles* 15 *et* 16.

Tel aurait dû être, Messieurs, l'exposé des motifs des articles 15 et 16, si on eût eu en vue de concilier les intérêts du trésor avec ceux des négociants *de bonne foi*, mot dont on se sert comme de miel pour adoucir à vos yeux le poison qu'on nous prépare; si en résumé on eût voulu autre chose que d'enlever les bornes que la loi de 1832 a posées à un despotisme qui jusque là n'en avait point reconnu.

Article 17 *du projet.*

« A défaut, avant le 30 novembre de chaque année , d'un vote spécial des
» conseillers municipaux pour la continuation de la taxe unique dans les villes
» où elle est établie, la perception par voie d'exercice reprendra son cours
» au 1er janvier suivant.
» Toute délibération du conseil municipal qui aura pour objet d'établir
» une taxe unique ne pourra être mise à exécution qu'au 1er janvier, et pourvu
» qu'elle ait été notifiée à la régie un mois au moins avant cette époque. »

Le but de cet article, en rendant annuel le vote de la taxe unique, est de mettre chaque année la régie en rapport avec les contribuables de toutes les classes, afin de lui donner *chaque année* l'occasion d'exploiter la crédulité des propriétaires , d'effrayer les conseils municipaux sur les dangers imaginaires de la fraude, d'attribuer à ses progrès la baisse survenue dans les produits *locaux* par suite de circonstances particulières à l'année : car l'expérience lui a prouvé que, lorsque ses manœuvres insidieuses venaient à échouer, il lui devenait aussi difficile de ramener les villes à l'exercice qu'à nous d'obtenir la modification de lois qui blessent les intérêts du commerce et de l'industrie.

Mais là ne s'est point arrêté le système des précautions : en fixant pour le vote de la taxe unique un terme de rigueur,

après lequel la ville rentre de droit sous le régime de l'exercice, on spécule sur la négligence des conseils municipaux et
sur les événements inattendus.

Par le dernier paragraphe, on ouvre une porte à l'arbitraire
et à la mauvaise foi : car, lorsque la régie sera parvenue à
rendre les autorités locales hostiles à ce mode de perception ,
elles saisiront, pour convoquer le conseil, le moment où les
partisans de la taxe unique seront absents, ou elles ajourne-
ront, sous un prétexte quelconque , la délibération ou SA SI-
GNIFICATION, afin de fournir à la régie l'occasion d'invoquer
la prescription. D'un autre côté, on donne à la taxe unique le
plus grand des inconvénients de l'abonnement, celui de remettre tout en question chaque année , de renouveler pério-
diquement des querelles et des intrigues que *la permanence*
de la taxe unique a le mérite de faire oublier ; enfin on jettera
la perturbation dans les opérations du commerce par le changement apporté annuellement dans la quotité du droit à
payer, ce qui mettra les voituriers étrangers à la localité dans
l'impuissance d'entrer leurs marchandises faute d'une somme
suffisante , n'ayant pu prévoir une augmentation dans les tarifs. Que deviendra ensuite le bénéfice de celui qui aura calculé sur 20 francs de droit pour établir son prix de vente,
quand du jour au lendemain les droits seront portés à 30 fr.?
C'est , en un mot, le trouble et la guerre qu'on substitue à la
paix : pour le commerce il faut des règles fixes.

Enfin, voilà la taxe unique, qui pesait sur tous les habitants,
convertie en un abonnement particulier aux débitants, l'égalité des charges rompue et l'économie de la loi du 21 avril
1832 entièrement détruite. Est-ce ainsi, Messieurs, que vous
l'entendez ?...

ART. 18 *du projet.*

« Le nombre des marchands en gros et des débitants de boissons que les
» conseils municipaux sont tenus de s'adjoindre, en vertu de l'art. 37 de
» la loi du 21 avril 1832, pour délibérer sur l'établissement de la taxe uni-

» que, devra être égal à la moitié des membres PRÉSENTS du conseil, SANS
» TOUTEFOIS QU'AU MOYEN DE CETTE ADJONCTION PLUS DU TIERS DES VO-
» TANTS PUISSE ÊTRE FORMÉ DESDITS MARCHANDS EN GROS ET EN DÉTAIL. »

Par cet article, les marchands en gros et débitants que le conseil doit s'adjoindre, aux termes de l'article 37 de la loi du 21 avril, en nombre égal à la moitié des membres du conseil, ne devront pas excéder la moitié des membres présents à la séance. Ainsi, comme en tout état de choses on doit convoquer la totalité des membres, et qu'on ne peut savoir qu'au moment même de leur réunion quel sera le nombre de ceux qui répondront à l'appel, on devra donc appeler en même temps un nombre de marchands égal à la moitié des membres inscrits, pour en chasser ensuite une partie, en rendant l'exactitude des uns responsable de la négligence des autres. N'est-ce donc pas là le renversement de tous les principes ?... Ce n'est pas tout : si les retardataires arrivent après le renvoi des diligents, se passera-t-on de ces derniers ? On ne le pourrait sans entacher de nullité la délibération. Si on les envoie chercher, les trouvera-t-on à l'instant ? ou, si on les trouve, voudront-ils courir les chances d'un second affront ?

Pour obvier à ces inconvénients, on s'est débarrassé des *assesseurs* incommodes, à l'aide de ces mots, fort innocents en apparence : « Sans toutefois qu'au moyen de cette adjonc-
» tion plus du tiers des votants puisse être formé desdits
» marchands en gros et débitants. »

Tout le monde ne verra dans cette phrase que la réduction du nombre des marchands en gros et débitants adjoints, qui devra être diminué d'autant de membres qu'il se trouvera de leurs confrères dans le sein du conseil municipal ; mais personne ne considérera cette disposition comme l'abrogation complète de l'art. 37 ; et cependant telle est, comme on va le voir, sa conséquence nécessaire dans une multitude de cas.

« Sur douze conseillers on ne peut parvenir que très rare-

ment à en réunir plus de sept à huit ; or, si sur sept membres il
se trouvait deux marchands ou débitants, combien y aurait-
il d'adjoints ? Aucun....., puisque le tiers de sept comme
de six est de deux, les personnes ne se fractionnant pas, et
que, si, dans ce cas, on admettait un seul commerçant étranger au conseil, il y aurait alors plus du tiers des votants composé de marchands, par conséquent nullité. Si, d'un autre
côté, il se trouvait dans le conseil, quel que soit le nombre de
ses membres, plus d'un tiers de marchands, il y aurait alors
impossibilité de délibérer sur l'établissement de la taxe unique, à moins d'en chasser l'excédant du tiers, ou de le priver
ce jour-là de l'exercice de son droit. Et quels seraient ceux
qui consentiraient à se retirer ? comment les y contrain-
drait-on ?...

Dans ce dernier cas, comme dans les précédents, n'y a-t-
il pas abrogation de l'art. 37 ? Si on réclame, on répondra
que la loi est absurde, mais qu'elle doit être exécutée tant
qu'elle n'est pas rapportée. *Dura lex, sed lex.*

Art. 19 *du projet.*

« Le montant des abonnements individuels des débitants de boissons sera
» payable **par mois** et d'avance. »

Pourquoi demande-t-on que le montant des abonnements,
qui se paie aujourd'hui par trimestre et d'avance, soit payable à l'avenir par mois ? C'est, croyez-le bien, Messieurs,
pour rétablir ces anciennes relations de bonne amitié *en se
visitant souvent ;* bientôt on vous priera de les rendre exigi-
bles par dizaine, afin de rendre les rapports *plus étroits* en
assujettissant les abonnés à des visites aussi fréquentes que
les exercés. Puis enfin on vous réclamera l'autorisation de
faire des recensements à chaque terme de paiement, et on
aura soin d'ajouter, comme à la fin de l'art. 16 : « Toutefois
» sans préjudicier à l'abonnement.... » : car on ne vous de-

mandera jamais l'abrogation de l'art. 70, celui de tous qui prête le plus à l'arbitraire et à la concussion, à l'aide duquel on fait payer au débitant souvent un tiers et moitié plus que son débit ne le comporte, sans avoir rien à redouter de la justice.

En effet, Messieurs, la plupart des débitants ignorent qu'ils peuvent adresser leurs réclamations au conseil de préfecture, puis au conseil d'état; et le petit nombre de ceux qui connaissent leurs droits s'arrêtent devant l'impuissance de les exposer d'une manière intelligible ou de faire établir leur requête par un tiers *en l'absence* des documents qui doivent en former la base.

S'ils réclament aux employés la note du nombre d'hectolitres qu'ils ont vendus ou des sommes qu'ils ont payées pendant les trois dernières années: « Allez, leur répond-on, la demander à la direction, où sont déposés les anciens portatifs, » comme si, d'après la lettre et l'esprit de l'art. 55 de la loi du 28 avril 1816, tous les renseignements relatifs au compte d'un débitant ne devaient pas lui être donnés sans frais ni déplacement (1), et comme si ce n'était pas à eux, qui ont la franchise des lettres, à les demander.

S'ils offrent une somme inférieure à celle réclamée pour l'abonnement : « Allez, leur répond-on encore, trouver M. le directeur, qui nous a défendu de rien vous diminuer. »

Or, comme la plupart du temps il faudrait faire quinze et

---

(1) Art. 55 : «Les débitants pourront avoir un registre sur papier LIBRE, » coté et paraphé par UN juge de paix, et LES COMMIS SERONT TENUS D'Y CON- » SIGNER LE RÉSULTAT DE LEURS EXERCICES ET LES PAIEMENTS QUI AU- » RONT ÉTÉ FAITS, ou de mentionner dans leurs actes aux portatifs le re- » fus qu'aura fait le débitant de se munir dudit registre ou de le représenter. »

Est-ce donc parce que les débitants épargnent aux employés moitié de leurs écritures à chaque recensement que ces derniers se croient fondés à leur refuser les renseignements dont ils ont accidentellement besoin ? C'est, il faut en convenir, une singulière manière de leur prouver de la reconaissance.

vingt lieues pour l'aller et le retour, on ne s'adresse pas au conseil de préfecture, parce qu'on est privé des documents nécessaires pour prouver que la demande de l'administration est exagérée ; alors ceux auxquels on a rendu l'exercice antipathique se voient forcés d'accepter une taxe hors de toute proportion avec leur vente, et les autres de renoncer à l'abonnement pour ne pas sacrifier la majeure partie du produit de leur établissement. Dans le cas fort rare où il leur arrive de porter leurs réclamations devant le conseil de préfecture, on ne manque pas de prétextes pour retarder sa décision, afin de prolonger la durée de l'exercice qu'on impose d'office aux réclamants : car la régie ne considère point l'abonnement comme un droit rigoureusement établi, mais bien comme une tolérance.

A d'autres on dit : « Vous avez laissé passer la quinzaine ou le mois, l'époque des abonnements est expirée ; ce sera désormais pour l'année prochaine, etc., etc.....

Tant que le débitant se trouve seul en présence de la régie, quelque exagérée que soit la somme qu'on lui demande, on reste inflexible à ses remontrances ; mais dès qu'intervient une personne capable de le diriger dans la voie des réclamations, on s'empresse de lui faire une réduction de 20, 30 à 40 pour cent. Abuser ainsi de son autorité sur l'ignorance pour exiger plus qu'on sait n'être légitimement dû, n'est-ce donc pas *une concussion*, n'importe à qui elle profite? C'est en agissant de la sorte qu'on acquiert, aux dépens des malheureux, la réputation d'*habiles* financiers (1).

Pour faire cesser de pareils abus et assurer l'exécution de l'art. 70 de la loi du 28 avril 1817, nous vous prions, Mes-

---

(1) Voir l'arrêt du conseil d'état du 22 avril 1840, qui réduit de 406 fr. le taux de l'abonnement réclamé au sieur Millerand, taux qui avait peut-être déjà été réduit par le conseil de préfecture.

sieurs, de substituer à l'art. 19 du projet qui vous est soumis les dispositions suivantes :

ART. 16 (1) : « Lorsqu'un débitant de boissons dont l'éta-
» blissement a plus d'un an d'existence réclamera l'abon-
» nement ou la continuation de l'abonnement, les employés
» devront, dans les dix jours de sa demande, lui fournir un
» extrait de son compte aux registres portatifs et de celui de
» son prédécesseur pendant les trois années précédentes, en
» se conformant au modèle *ci-annexé sous le n° 1.*

» Si le débit n'a pas un an d'existence, le taux de l'abon-
» nement sera *égal* au terme moyen des droits payés pendant
» le trimestre correspondant de l'année précédente par tous
» les débitants de la commune dans laquelle il se trouvera
» placé. A cet effet, la somme des produits sera divisée par
» le nombre des débitants existants alors, augmenté de celui
» du réclamant (2). »

ART. 17 : « Dans tous les cas, un inventaire de clôture
» d'exercice devra avoir lieu dans les dix jours de la demande,
» nonobstant contestation sur le taux d'abonnement réclamé
» par le directeur et sans y préjudicier.

» Dans les cas prévus par le premier paragraphe de l'arti-
» cle 16, l'abonnement sera provisoirement fixé au même

---

(1) Ayant remplacé les art. 15, 16, 17 et 18, du projet, par un seul article portant n. 15, nous continuons la série de nos propositions.

(2) La création d'un nouveau débit s'opère toujours au préjudice des anciens : car la consommation n'augmente pas en raison du nombre des débitants.
Pour être juste, il faut donc, autant que possible, que la somme des droits
payés par les anciens soit diminuée dans la même proportion que leur vente.
Ce n'est cependant pas ainsi qu'en agit la régie : lorsqu'un nouveau débitant
s'établit près d'un autre, elle lui demande la même somme qu'à l'ancien ;
heureux ce dernier quand il ne se voit pas augmenté ! C'est ce qui arrive journellement, et ce qui s'appelle, en termes vulgaires, *tirer d'un sac* DEUX
MOUTURES ; c'est augmenter l'abonnement quand la consommation se divise.
(Voir les pièces justificatives, n° 1er.)

» taux que celui de l'année précédente ou perçu d'après le
» montant des droits payés dans le trimestre correspondant
» si le débit a été exercé , sauf compensation à établir sur le
» premier paiement qui aura lieu après la fixation définitive
» du taux de l'abonnement. »

Art. 18 : « Aucune contestation relative aux abonnements
» ne pourra être jugée par le conseil de préfecture sans que
» le débitant ait été mis en demeure, dix jours au moins à
» l'avance, de se présenter devant le conseil pour discuter
» contradictoirement, s'il le désire , les motifs de l'admini-
» stration. Il pourra se faire représenter par un mandataire
» porteur de son pouvoir , légalisé par le maire, ou rédigé
» par ce dernier dans le cas où il ne saurait pas écrire ; le
» tout d'après les règles administratives. »

Avec un bulletin d'abonnement semblable au modèle ci-après
(page 51), le débitant verra d'un coup d'œil si la taxe qu'on
veut lui imposer est en rapport avec son débit. Multipliant le
terme moyen du nombre d'hectolitres vendus les années précédentes par le prix moyen de la vente actuelle dans la localité , il ne lui restera plus qu'à discuter les motifs du directeur et à faire valoir ceux qu'il leur oppose. Or sa tâche deviendra d'autant plus facile qu'il trouvera au dos du bulletin
le préambule de sa réclamation.

D'un autre côté, on ne pourra plus nier, comme dans l'af-
faire Guérin de Creteil , avoir demandé 250 fr. de plus que
la somme réclamée devant le conseil de préfecture , ce qui
ne peut s'excuser que parce que tout mauvais cas est niable.

Relativement à la régie, ce travail la dispensera de celui
qu'elle est obligée de faire lorsque la contestation est déférée
au conseil de préfecture.

Quant au conseil de préfecture, ayant groupés sous les
yeux tous les documents nécessaires pour l'éclairer sur le mérite des prétentions des parties, il n'aura plus à subir la lec-

ture fastidieuse de préambules souvent indéchiffrables et presque toujours inutiles ; il ira de suite au *parce que*.

Ces dispositions simplifieraient, comme on le voit, les rouages administratifs, au lieu de les compliquer. Sans paralyser entièrement l'arbitraire, elles ne lui permettraient plus du moins d'exploiter l'ignorance d'une manière aussi scandaleuse ; leur simple lecture en fera comprendre à la chambre toute l'importance.

L'art. 70, qui devait être un asyle contre les vexations, est devenu, depuis 1837, un puissant moyen d'oppression, et le mal va chaque jour en augmentant.

Enfin les choses en sont arrivées à ce point, Messieurs, qu'il faut que vous optiez entre son abrogation ou l'adoption des articles que nous soumettons à votre examen : car vous ne voudrez pas sans doute laisser plus long-temps cette porte ouverte à la tyrannie.

On ne peut pas se le dissimuler : l'abonnement, comme tous les autres modes de perception, a ses inconvénients ; s'il en a plus que la taxe unique, il en a moins que *l'exercice*, cette boîte de Pandore, qui donne accès à tous les genres de fraude et de vexations. C'est donc un motif pour l'entourer de garanties qui l'empêchent d'être tributaire d'une cupidité insatiable.

Article 20 *du projet.*

L'administration vous demande, par cet article, de réduire à 30 p. 100 la base de conversion de l'alcool en liqueurs, fixée à 40 p. 100 par l'art. 7 de la loi du 24 juin 1824, en se fondant sur les mêmes motifs qu'elle faisait valoir à cette époque, motifs qui ont été rejetés comme erronés par la commission de 1824, ainsi que vous allez le voir par son rapport, auquel nous ajouterons *par annotation* quelques développements.

Séance du 14 mai 1824.

M. *Delastours*, rapporteur : « Messieurs, il est générale-

BULLETIN D'ABONNEMENT.

Relevé du compte du sieur GÉRARD, débitant à   *et du sieur GERMAIN; son prédécesseur,*

pendant les années 18 , 18 , 18 .

Années.	Nombre d'hectolitres vendus pendant chaque année.	Analyse des produits par exercice.			Totaux des droits payés chaque année.		Prix moyen de vente dans la localité.	Ce qu'aurait produit la perception par exercice.	Bénéfices résultant de l'abonnement.		Somme réclamée par le directeur pour l'abonnement.	MOTIFS d'augmentation ou de diminution.
		Hecto-litres.	Prix de vente.	Produits des divers prix.	par exercice.	par abonne-ment.			Pour le Trésor.	Pour l'abonné.		
1838	80 »	50 » 25 » 5 »	30 » 40 » 60 »	165 05 106 70 32 01	298 76	» »	35 »	» »	» »	» »	» »	
1839	90 »	» »	» »	» »	» »	320 »	40 »	336 12	» »	» »	» »	
1840	100 »	» »	» »	» »	» »	325 »	35 »	373 45	» »	48 45	» »	

Base et taux de l'abonnement réclamé par le Directeur.

Années.	Terme moyen.						Prix moyen	Ce qu'aurait produit	Pour le Trésor	Pour l'abonné	Somme réclamée	
1841	90	» »	» »	» »	» »	» »	35 »	336 12	» »	» »	400	

MOTIFS d'augmentation ou de diminution.

Le terme moyen du nombre d'hecto-litres vendus pendant les trois années précédentes étant de 90 hectolitres, et le prix moyen de la vente actuelle dans la localité de trente-cinq francs l'hecto-litre, le taux de l'abonnement devrait être, d'après ces bases, de 336 fr. 12 c.; mais, attendu que des deux abonnements précédents il résulte pour le Trésor une perte de 64 fr. 87 c., d'après ce qu'aurait produit la perception par exercice; que le sieur Germain, voisin du sieur Gé-rard, a cessé son débit, ce qui doit pro-fiter à celui de ce dernier; qu'enfin l'é-lévation du prix de vente est probable, en raison du peu de vin restant des ré-coltes antérieures; attendu . . . . . attendu. . . . ., le Directeur, prenant en considération ces circonstances, fixe le taux de l'abonnement du sieur Gérard à la somme de quatre cents francs pour l'année 1841.

Nous soussignés, employés des Contributions indirectes à la résidence de   arrondissement de   sieur   , débitant à   , certifions que l'état ci-dessus est le résumé exact du compte du   , et de celui de son prédécesseur, tels qu'ils ont été établis sur les registres portatifs pendant les années 18 , 18 , 18 , et que le taux de l'abonnement qu'il récla-me pour l'année 18 a été fixée par M. le Directeur à la somme de   d'après les motifs ci-contre.

A   le   18

Nota. Tous les calculs concernant l'exercice sont faits sous la remise de 3 p. 100.

RECLAMATION

A Monsieur le Préfet du département d
séant en conseil de préfecture.

Monsieur le Préfet ,

Le soussigné, débitant à   , arrondissement
d   , a l'honneur de vous exposer que le
taux d'abonnement fixé d'autre part à
par M. le Directeur est trop élevé ; il espère , en con-
séquence , que le Conseil de préfecture voudra bien le
réduire à la somme de   , par les motifs
ci-après :
1° Parce que (1)

---

(1) Il faudrait que la feuille fût double et que le préambule ci-dessus se trouvât au recto de la seconde page, afin de laisser au directeur et au dé-bitant assez d'espace pour développer leurs raisons.

ment reconnu que notre législation sur les contributions indirectes est susceptible de nombreuses modifications, également utiles au fisc et aux contribuables : une longue expérience en a prouvé la nécessité, des plaintes universelles en ont fait un devoir. Comment se fait-il que le gouvernement se borne en ce moment à la proposition de quelques légers changements qui annoncent des changements bien plus importants dans le système général de nos impôts indirects, et notamment dans la partie des boissons ?

» Telles ont été, Messieurs, les premières réflexions de votre commission ; elle a pensé qu'au lieu de réviser quelques articles isolés de la loi du 28 avril 1816, *on aurait dû la soumettre à une réforme générale, qui eût permis de niveler les tarifs et de les rendre moins onéreux à l'industrie et à l'agriculture.*

» En attendant *que le vœu de votre commission puisse être accompli* (1), nous allons examiner le projet qui vous est présenté, sans en dépasser les limites.

---

(1) Tel était, Messieurs, le vœu de la commission de 1824 ; tel est depuis un quart de siècle celui du commerce, de l'industrie et de l'agriculture ; celui des tribunaux, qui gémissent des erreurs dans lesquelles ils tombent journellement ; tel est, nous en sommes persuadés, celui de la Chambre ; mais tel n'est pas celui de la régie, pour qui seule tout est clair dans ce chaos ténébreux, l'arme la plus puissante du despotisme et de l'arbitraire.

Cette loi du 28 avril 1816, qui, votée provisoirement, au milieu de préoccupations graves, devait être incessamment soumise à une révision, n'est plus aujourd'hui qu'un cadavre mutilé par des milliers d'arrêts contradictoires, par des décrets antérieurs, par plusieurs ordonnances et une quinzaine de lois postérieures, qui toutes en dénaturent le sens *sans en effacer un mot,* et dont chacune se termine par un article qui déclare abrogées toutes dispositions *contraires* des lois antérieures, *sans en spécifier aucune.* De là cette multitude d'interprétations *différentes,* source de procès sans cesse renaissants : car, si la loi ne doit être ignorée de personne, il n'en est pas ainsi des décisions judiciaires, qui ne sont, à proprement parler, connues que de l'administration, qui les enregistre avec soin et les classe avec ordre.

Parmi les nombreux modes de perception proposés à la Chambre en rem-

» Pour fixer votre opinion sur les avantages et les inconvénients de ce projet, nous devons le considérer dans ses conséquences pour l'industrie, et dans ses résultats pour le trésor.

---

placement du système actuel, presque tous ont l'immense inconvénient de porter avec eux la désorganisation dans des services régulièrement établis ; tous, il faut l'avouer, sont d'une exécution sinon impossible, du moins fort difficile, et seraient loin d'être aussi productifs que le système actuel. C'est donc une raison pour chercher à le perfectionner et à l'établir sur des bases solides en le dépouillant de tout ce qui le rend odieux au peuple.

Mettons, Messieurs, à profit les leçons de l'expérience : la loi de 1832 nous a prouvé qu'il était facile d'atteindre ce but ; que l'exercice avec la faculté d'affranchissement et d'abonnement est, ainsi que nous vous l'avons démontré, de tous les modes celui qui présente le plus d'avantages et le moins d'inconvénients. Vous avez en main le moyen de contraindre l'administration à vous présenter l'année prochaine une refonte de toutes les lois, décrets et ordonnances en une seule loi ; usez-en, nous vous en supplions, et obligez-la à publier son projet avec ses motifs au moins deux mois avant la session, afin que le commerce puisse discuter la portée de chaque article. N'oubliez pas surtout d'introduire, comme dans la législation criminelle ordinaire, un article (463) qui, tout en conservant aux procès-verbaux la foi qui leur est due, abandonne aux tribunaux l'appréciation des faits et circonstances, en leur permettant de faire remise de tout ou partie de la peine.

Repoussez, Messieurs, si on a osé vous la faire, la demande d'abrogation de l'art. 242 de la loi du 28 avril 1816, disposition qu'il faudrait créer si elle n'existait pas, dont l'absence laisserait l'administration sans armes en présence de la fraude. (*Vous devez avoir une pétition, parmi celles qui vous ont été adressées cette année, qui demande que les procès-verbaux et les actes inscrits aux portatifs ne soient crus que jusqu'à preuve contraire.*)

Chaque fois que nous nous plaignons aux Chambres, on nous répond : Que voulez-vous ! c'est une nécessité ; donnez-nous le moyen de mieux faire, et nous le saisirons avec empressement. Eh bien ! en vous signalant aujourd'hui le mal arrivé à son paroxysme, nous vous enseignons en même temps le remède. Le ferons-nous en vain ? — Non.... La Chambre qui, en fortifiant le cœur de la France, nous a préservés pour toujours du fléau des invasions, nous préservera également du fléau des émeutes en fortifiant nos institutions; *pour* CONSERVER, *il faut* RÉPARER.

» Il faut donc examiner d'abord quelle est aujourd'hui la position des liquoristes, et la comparer avec celle où les placerait la nouvelle loi.

» Dans l'état *actuel* de notre législation, les liquoristes, confondus avec tous les autres marchands de boissons, sont, comme eux, divisés en deux classes : LES DÉBITANTS et LES MARCHANDS EN GROS.

» Les premiers sont assujettis à tous les exercices, à toutes les vérifications nécessaires pour assurer la perception de l'impôt, et notamment du droit de détail. RIEN N'EST CHANGÉ A LEUR ÉGARD PAR LE PROJET QUI NOUS EST PRÉSENTÉ (1). Mais il n'en est pas de même des liquoristes marchands en gros : la loi du 28 avril 1816 leur permet de mélanger, couper leurs eaux-de-vie et esprits hors la présence des employés. Ceux-ci tiennent seulement un compte d'entrée et de sortie, *et donnent décharge des eaux-de-vie* MANQUANTES *comme ayant été converties en liqueurs;* et comme la loi du 28 avril ne prescrit aucune base de conversion, les liquoristes (marchands

---

(1) Vous le voyez, Messieurs, le rapporteur prévient la Chambre *que rien n'est changé par le projet de loi à la condition antérieure des* DÉBITANTS LIQUORISTES. Le ministre des finances n'a pas été moins explicite dans l'exposé des motifs, où il déclare, en terminant, *qu'on n'a aucune disposition* NOUVELLE *à réclamer pour l'exercice des* LIQUORISTES DÉBITANTS. D'un autre côté, l'art. 1er oblige ceux qui voudront exercer la profession de liquoristes à en faire la déclaration au bureau de la régie et à prendre la licence de *débitant* ou celle de *marchand en gros*, suivant qu'ils préféreront se soumettre aux obligations imposées à l'une ou à l'autre de ces professions ; et l'art. 2 les prévient que les liquoristes débitants *resteront* assujettis au chap. 3 du titre 1er de la loi du 28 avril 1816, sous les modifications prononcées par la loi relative à la perception des droits sur l'eau-de-vie, c'est-à-dire au même régime d'exercice que les autres débitants.

C'est en présence d'un tel état de choses que l'administration, abusant de son influence morale, est venue affirmer aux tribunaux que la loi du 24 juin avait placé les débitants *liquoristes* dans une position exceptionnelle qui ne leur permettait pas de s'affranchir de l'exercice, bien que l'art. 41 de la loi

en gros) deviennent les maîtres de fixer, par leur simple déclaration, la proportion de la quotité d'eau-de-vie qu'ils ont
employée dans leur fabrication avec la quantité de liqueurs
qui en est produit. D'où il résulte que la régie est à leur dis-
crétion, et qu'elle doit s'en rapporter à leur bonne foi. De
là nécessairement de grands abus et une perte sensible pour
le trésor dans la perception du droit de consommation.

» On conçoit, en effet, que, si un liquoriste (marchand en
gros) prétend avoir employé trois hectolitres d'eau-de-vie
pour fabriquer un hectolitre de liqueurs, tandis qu'il n'en
aura réellement employé qu'un, les deux autres hectolitres
seront dérobés à l'impôt, soit en eau-de-vie, soit en liqueurs.

» *C'est pour remédier autant que possible* à CET INCONVÉ-
NIENT que la régie invoque aujourd'hui le secours de la loi(1).

---

du 24 avril 1832 y admette indistinctement tous les débitants, c'est-à-dire
tous les dénommés en l'art. 50 de la loi du 28 avril 1816, et les liquoristes
sont du nombre.

Une telle prétention ne dépasse-t-elle pas à vos yeux les bornes de l'erreur ?
Ne sommes-nous donc pas fondés à réclamer les sommes énormes qu'on nous
a fait payer illégalement à titre de droits, d'amendes et de frais de justice ?
Ce serait en vain qu'on objecterait qu'il y a eu de notre part transaction ; atta-
qués *individuellement*, poursuivis et signalés comme des fraudeurs, nous
avons livré notre bourse et donné notre signature à la régie comme on la
donne au voleur qui vous met le pistolet sous la gorge, dans l'impuissance
où nous étions de la défendre. Tous les moyens sont bons aujourd'hui pour
arriver à notre bourse.

(1) Quoique chaque mot, dans l'exposé des motifs comme dans le rapport,
précise le but de la loi, cependant il était permis aux tribunaux qui sont
étrangers à la spécialité de se tromper ; mais à l'administration, qui avait
rédigé la loi et ses motifs, non. Non, elle ne s'est point trompée ; mais elle
a trompé la religion des juges, comme elle cherche à abuser la chambre sur
les conséquences du projet qu'elle présente. Et l'honorable M. Royer-Collard
peut lui dire à ce sujet ce qu'il disait à l'occasion de la loi de disjonction : « Je
rejette ces remèdes funestes, je repousse ces inventions législatives où la ruse
respire.... La ruse est sœur de la force, et une autre école d'immoralité...»
Si nos paroles sont sévères, elles sont certes aussi exemptes de passion que
celles de cet honorable député.

Votre commission pense qu'on ne peut le lui refuser, parce qu'il s'agit de la défendre contre les fausses déclarations. »

» C'est donc seulement pour évaluer la quantité de liqueurs passibles du droit général de consommation, et *non pour fixer ce droit, que l'on cherche la quantité d'alcool qu'elles renferment.* Quelle que soit, en effet, cette dernière quantité, les liqueurs doivent payer toutes le même droit que l'alcool pur, c'est-à-dire 50 fr. par hectolitre, sans y compter les droits d'entrée et d'octroi. Ces droits, dont l'ensemble double souvent le prix des liqueurs, réagissent nécessairement contre eux-mêmes, soit *en diminuant la consommation*, soit *en offrant une prime trop forte à la fraude qui cherche à les éluder.*

» Une diminution de droit serait profitable sous tous les rapports, et nous devons nous féliciter du soulagement accordé aux liqueurs par la nouvelle loi sur l'eau-de-vie (1).

. . . .

ABAISSEMENT DU DROIT SUR LES LIQUEURS.

(1) Tout le monde est d'accord que l'élévation du droit sur les liqueurs réagit sur lui-même, qu'il faut l'abaisser ; mais peu de personnes se rendent compte du danger qu'il y aurait pour le droit sur les alcools à l'abaisser au dessous d'un certain chiffre.

On doit considérer qu'un tiers au moins des liqueurs est expédié en bouteilles, et que ce genre d'expéditions ne laisse à la régie presque aucun moyen de vérification : car on ne peut obliger les voituriers à déballer, en cours de transport, leurs caisses et paniers, ni à déboucher les bouteilles pour s'assurer de ce qu'elles contiennent.

Tout ce qui s'expédie en bouteilles est donc forcément affranchi de la surveillance en cours de transport. Or, si le droit sur les liqueurs était *de beaucoup* inférieur à celui des spiritueux, on n'expédierait les spiritueux de chez les fabricants qu'en bouteilles sous le titre de liqueurs : il importe donc de niveler les tarifs de telle sorte que la cupidité n'y trouve aucun aliment.

Dans son exagération fiscale, la régie a poussé la précaution jusqu'à se mettre en garde contre un genre de fraude imaginaire, en assimilant pour le

»Il n'est échappé à aucun de vous, continue le rapporteur, qu'un taux moyen d'alcool, quel qu'il puisse être, serait nécessairement avantageux aux liqueurs douces et défavorable aux

---

droit les liqueurs à l'alcool pur (100 degrés centésimaux), qui, par sa nature volatile, est en dehors de toute opération commerciale, puisque ses tableaux rapporteurs ne vont pas au delà de 90 degrés.

» Avant de fixer le chiffre du droit sur les liqueurs, il est une question préjudicielle à examiner et à résoudre pour arriver à un état de choses permanent, sur lequel le commerce puisse compter : car il est déplorable pour nous de voir sans cesse remettre en question les conditions d'existence de notre industrie.

M. le ministre des finances vous a dit, dans l'exposé des motifs du projet de loi que nous combattons, que beaucoup de bons esprits avaient pensé que le moment était peut-être arrivé d'augmenter les tarifs. Nous sommes tous du nombre des bons esprits, qui pensent que, dans les circonstances graves où se trouve le gouvernement, c'est de l'argent et du calme qu'il lui faut, et non des vexations et des émeutes sans argent.

Nous vous demandons d'abord, d'élever le droit sur l'alcool à 40 fr. l'hectolitre, décime compris, au lieu de 37 fr. 40 cent., c'est-à-dire de supprimer le décime de guerre, perception sans objet en temps de paix, qui, tout décime qu'il est, a le grave inconvénient de fausser l'économie du système décimal, en introduisant des fractions dans tous les comptes, et de les rendre inintelligibles aux débitants, qui n'auront plus l'idée qu'on les trompe lorsqu'ils pourront les établir et les vérifier eux-mêmes. La chambre sentira l'opportunité de cette suppression, au moment où tous les efforts du gouvernement tendent à faire prévaloir le système décimal.

Le décime de guerre (*qui avait été supprimé par décret du 27 avril 1814*) est une ruse de guerre fiscale, un moyen d'augmenter l'impôt sans avoir l'air d'y toucher, moyen usé dont personne n'est dupe aujourd'hui. Qu'on laisse donc la ruse aux faibles; qu'on abandonne le langage de la peur et de la mauvaise foi pour nous parler le langage des forts, celui de la vérité. Si les besoins de l'état exigent que nous payions 37 fr. 40 cent., pourquoi ne demander *ostensiblement* que 34 f. pour percevoir ensuite 37 f. 40 cent. ?

La base de 40 fr. adoptée, il faudrait, pour concilier tous les intérêts, réduire le droit sur les liqueurs en bouteilles ainsi qu'en tonneaux à 25 f. par hectolitre, décime compris.

A ce taux, les liqueurs seraient imposées comme si elles contenaient 62 de-

liqueurs fortes ; mais, comme les liquoristes sontintéressés à satisfaire tous les goûts, et par conséquent à assortir leurs qualités, ils gagneront sur les unes ce qu'ils perdront sur les au-

---

grés 1⁄2 d'alcool, tandis qu'elles n'en contiennent, terme moyen, que 40 ; ainsi, sur 25 fr., l'eau, le sucre et le parfum, paieraient 9 fr., et l'alcool 16 fr.

C'est à tort qu'un grand nombre de nos confrères prétendent que, dans les liqueurs comme dans l'eau-de-vie, l'alcool *seul* est imposable, et vous demandent d'en fixer le droit à raison du taux moyen de ce qu'il en entre dans leur fabrication, c'est-à-dire 40 p. 100 ; ce qui le réduirait, sous l'empire de la loi actuelle, à 14 fr. 96 centimes par hectolitre, et à 16 fr. d'après notre système.

L'administration soutient avec raison qu'on doit imposer l'eau, le sucre et le parfum, dont la réunion à l'alcool vient en augmenter le volume presque de moitié sans en diminuer la valeur, tandis que l'eau seule, mêlée à l'alcool, en abaisse la qualité et le prix dans la même proportion qu'elle en augmente la quantité ; mais, dans son exagération, elle persiste à assimiler les liqueurs à l'alcool pur.

Chacun demande donc, pour la fixation du droit, plus qu'il n'est raisonnable de lui accorder.

Pour aller au devant des objections de la régie, qui ne manquera pas de vous dire, en invoquant contre nous le principe dont nous avons fait plus haut l'exposé, que la différence entre le droit sur les esprits à 85 et à 90 degrés et celui sur les liqueurs serait une porte ouverte à la fraude ; qu'on n'expédierait plus ces spiritueux qu'en bouteilles, ce qui causerait une perte *considérable* au Trésor.

Nous vous ferons observer d'abord que ce droit est garanti par la prise en charge ; qu'en ne déclarant que 62 litres 1⁄2 d'alcool quand on en expédie 90, il en résulte chez l'expéditeur un manquant dont il doit compte, soit comme alcool pur s'il est marchand en gros ordinaire ou débitant, soit en raison du nombre de litres de liqueurs qu'il représente, d'après la proportion de 40 p. 100, s'il est liquoriste marchand en gros.

Cet état de choses ne pourrait donc préjudicier qu'aux droits locaux, qui ne sont point assurés à l'extérieur par la prise en charge ; mais, pour obvier à cet inconvénient, il suffirait d'imposer les liqueurs en bouteilles à l'entrée comme un litre d'esprit à 85 degrés (car, nous le répétons, les esprits d'un degré plus élevé doivent être considérés comme une exception sans importance), et celles en tonneaux à un taux moins élevé.

tres. Il faut donc faire attention que le taux moyen ait pour base
non seulement le degré d'esprit contenu dans chaque espèce

Mais, ajoutera-t-elle, comme on trouve moyen de se procurer des alcools *sans déclaration*, cette différence nous échappera.

— Celui qui trouve le moyen de se procurer des alcools *sans déclaration* ne prendra point pour les écouler une voie qui ne lui présenterait aucun bénéfice; la fraude ne marche point sans cela. Or la différence dont s'agit est trop minime, même pour compenser les frais *inévitables* qu'il faudrait faire pour en profiter.

Le droit sur les esprits à 90 degrés à raison de 40 fr. par hectolitre d'alcool pur serait de.............................,.................. 36 f. »

Celui sur l'esprit à 85 (dit 3|6), de..................... 34 »

Et celui sur les liqueurs, de............................. 25 »

Ce serait donc pour gagner 9 fr. ou même 11 fr., en faisant de l'exception la règle, qu'on se déciderait à mettre en bouteilles un hectolitre d'esprit dans le seul but de l'expédier ensuite sous le titre de liqueurs. Or vous allez voir si la chose est supposable, par le détail des dépenses qu'occasionnerait cette opération.

Pour aller chercher 100 bouteilles, les rincer, les emplir et les boucher, il ne faut pas moins d'une demi-journée, à 3 fr............. 1 fr. 50 c.

Pour les emballer, un quart de journée............................ » 75

100 bouchons.. 1 25

Trois bottes de paille, à 30 cent., pour l'emballage................. » 90

Deux bouteilles cassées au moins par 100, à 25 cent............... » 50

On ne peut pas évaluer à moins de 1 fr. le liquide répandu dans l'opération... 1 »

Perte sur quatre paniers, soit par suite d'usure, soit par suite de revente au dessous du prix d'achat, à raison de 30 cent. par panier sur chaque expédition (et c'est trop peu dire)................ 1 20

Mais ce n'est pas tout, il faut faire parvenir ces quatre paniers à leur destination.

Si on les dépose dans un roulage, on paiera autant de commission pour un panier de 25 litres que pour un fût d'un hectolitre, ce qui quadruplerait les frais; et on peut, sans exagération, évaluer cette différence à... 1 50

Total................. 8 60

Voilà donc déjà 8 fr. 60 c. absorbés, en calculant tout au plus bas, sans

de liqueurs , mais encore la quantité de chaque espèce qui entre dans la consommation.

« En sorte que, s'il est reconnu que les liqueurs spiritueuses dominent , le taux moyen doit être plus élevé que si la mode était en faveur des liqueurs douces , et réciproquement (1).

« Après ces considérations générales sur l'ensemble de la loi , nous examinerons séparément ses divers articles. . . . .

« L'art. 7 est le véritable point de la loi ; la fixation du taux moyen d'alcool employé à la fabrication des liqueurs est sans contredit le point le plus important, et pour la régie, *qui a intérêt à le rabaisser* afin d'augmenter le produit de l'impôt, et pour les liquoristes, qui cherchent à l'élever afin d'échapper au paiement d'une partie du droit général de consommation. On ne peut se dissimuler, Messieurs, l'extrême difficulté que présente la solution de ce problème. D'un côté, M. le directeur général des contributions indirectes a présenté à vo-

---

parler de la différence du prix de transport , qui serait augmenté d'un tiers, puisqu'un hectolitre d'esprit, qui pèse en tonneau 100 à 105 kilos, pèse en bouteilles 150 à 155 kilos, emballage compris ; différence qui , en raison de la distance à parcourir, peut souvent absorber seule la somme entière.

Vous le voyez, Messieurs, dans le seul cas où la fraude est possible , elle n'est pas à redouter. Mais il en serait tout autrement si la différence du droit entre les spiritueux et les liqueurs était plus grande.

(1) Ce n'est point ainsi qu'opère la régie : elle déduit le terme moyen de la réunion de plusieurs qualités de liqueurs, sans égard pour la proportion dans laquelle chacune d'elles est livrée à la consommation. Ce que nous pouvons affirmer, et prouver par nos livres, *nous fabricants* , c'est que nous vendons beaucoup plus de liqueurs fortes que de liqueurs faibles. Ce n'est point ici le cas d'examiner si le débitant les vend en nature, ou les dédouble avec de l'eau ; nous devons nous conformer aux demandes qui nous sont faites, et on ne pourrait, *sans injustice,* nous rendre responsables du fait des débitants. La régie le ferait cependant si cela dépendait d'elle, *puisqu'elle le demande* ; mais la chambre ne le fera pas, parce qu'on ne peut pas liarder ainsi avec la fabrication.

tre commission un tableau des parties d'alcool trouvées dans les diverses liqueurs fabriquées non seulement en France, mais même à l'étranger. Ce tableau est l'ouvrage de mains trop habiles pour qu'on puisse révoquer en doute l'exactitude du résultat qui donne réellement pour terme moyen la proportion d'environ trente litres d'alcool pour un hectolitre de liqueurs ; mais , d'un autre côté , les fabricants s'élèvent contre l'autorité d'expériences faites sur de petites quantités , et ils leur opposent les résultats journaliers de leurs opérations : ils objectent , avec quelque fondement, *que, pour obtenir 30 p. cent d'alcool contenu dans une liqueur , il s'en fait une déperdition considérable dans leurs préparations* ; que plusieurs espèces de boissons sont fabriquées avec diverses écorces et avec d'autres substances qui demeurent environ deux années en infusion , et souvent davantage ; que pendant ce long intervalle l'alcool subit une perte par l'évaporation, perte qui, à raison de leurs diverses manipulations, est bien supérieure à 6 et demi pour cent par an proposés par la nouvelle loi. A cela ils ajoutent encore que, les expériences sur lesquelles la régie fonde ses prétentions ayant été faites sur chaque espèce de liqueurs, le taux moyen déduit de leur nombre leur serait infiniment préjudiciable à raison de la grande quantité de liqueurs fortes qui se consomment comparativement aux liqueurs douces.

» Ces divers motifs , justement appréciés par votre commission, l'ont déterminée à vous proposer de porter à 40 p. cent le taux moyen de l'alcool contenu dans les liqueurs. Cette modification, lors même qu'elle pourrait paraître favorable aux liquoristes, ne serait pas moins avantageuse à la régie, qui par le silence de la loi du 28 avril 1816 a été forcée jusqu'à ce jour à des abonnements bien autrement onéreux que celui que nous lui proposons (1).

____

(1) Le ministre des finances, lors de la présentation de la loi dont vous venez de lire le rapport, s'exprimait ainsi dans l'exposé de ses motifs :

» L'article 9 ne nous a paru susceptible d'aucune contra-
diction.

» Il n'en est pas de même de l'art. 10 (*aujourd'hui* l'ART. 9,
par suite de la suppression de l'art. 8 du projet), en ce

« Le taux moyen de 30 centilitres d'alcool pur par litre de liqueur est présenté
» aux liquoristes marchands en gros comme résultat des diverses analyses chi-
» miques que la régie a fait faire ; MAIS IL NE SERA MIS EN USAGE QUE CHEZ
» CEUX AUXQUELS CET ABONNEMENT NE PARAITRA PAS DÉSAVANTAGEUX. »

La commission, après avoir entendu les observations des délégués du commerce, demeura convaincue de l'inexactitude des calculs et des expériences
de la régie, et éleva en conséquence la base de conversion à 40 p. 100.

Vous vous demanderez comme nous, Messieurs, avec étonnement, comment
il se fait que, dans les *mêmes* conditions, la régie vienne, en s'appuyant sur
les *mêmes* motifs, vous en réclamer l'abaissement à un taux qu'elle regardait
alors comme au dessous des besoins de la fabrication, *puisqu'elle promettait
de ne le mettre en usage que chez ceux auxquels il ne paraîtrait pas
désavantageux.* C'est qu'elle veut, comme elle vous l'a dit par l'organe de
M. le ministre, retirer des tarifs tout ce qu'ils peuvent produire, en d'autres
termes percevoir le droit sur une portion notable de l'alcool employé dans la
fabrication, et le percevoir encore sur le produit de la fabrication ; elle veut,
en un mot, ne nous laisser de l'huître que l'écaille.

Nous n'avons que fort peu de chose à ajouter au rapport aussi lucide
qu'impartial de la commission de 1824 ; nous nous bornerons à vous indiquer
sommairement les diverses opérations que subit l'alcool avant d'arriver à l'état
de liqueurs perfectionnées, telles que la régie les soumet à l'analyse chimique.

Vous concevrez, Messieurs, qu'en agissant de la sorte, la régie ne peut obtenir qu'un dividende très imparfait de la quantité d'alcool employée dans la
fabrication, dont une partie importante se trouve absorbée par l'infusion, la
distillation, la rectification du premier produit, le mélange, le chauffage, la
filtration, et la mise en bouteilles ; opérations qui, indépendamment de ce
qu'elles affaiblissent le degré de l'alcool, réduisent en même temps le volume
de la liqueur : car il est impossible, même avec les plus grandes précautions,
qu'elles aient lieu sans en répandre une certaine quantité, sans qu'il en reste
d'attachée aux vases et aux filtres par lesquels elles passent, ni sans casser
quelques bouteilles en les bouchant, etc., etc. Vous comprendrez parfaitement, Messieurs, que l'analyse chimique ne peut rien représenter de tout
cela, et nous craindrions de faire injure à la régie, la plus praticienne des
administrations, en supposant qu'elle l'ignore.

qu'il exige que les liquoristes marchands en gros ne puissent faire sortir de leurs fabriques des eaux-de-vie ou esprits en nature qu'en futailles contenant au moins un hectolitre, et qu'autant que les employés auront assisté à l'enlèvement.

« On conçoit que, le droit sur les liqueurs étant infiniment supérieur à celui de l'eau-de-vie, proportionnellement à l'esprit qu'elles renferment, il importe à la régie de connaître exactement la quantité d'eau-de-vie convertie en liqueur. C'est pour y parvenir que l'article que nous discutons a dû interdire la sortie des eaux-de-vie en bouteilles; mais la sortie des eaux-de-vie en cercles ne présente pas la même faculté à la fraude: aussi votre commission a-t-elle pensé que les formalités actuellement en vigueur pour l'enlèvement suffiront pour la prévenir, et n'a pu admettre la nécessité de la présence des employés pour l'enlèvement (1). »

---

(1) Des entraves, et toujours des entraves, non à la fraude, mais aux opérations régulières du commerce, dont on se plaît à contrarier tous les mouvements sans le moindre profit pour le trésor.

La régie prétend que l'expédition de l'eau-de-vie en bouteilles et en fûts de contenance inférieure à l'hectolitre favorise la fraude, et qu'il en est tout autrement en tonneaux d'un hectolitre et au dessus.

Suivant nous, c'est une absurdité, et rien de plus; nous allons vous le démontrer :

Le but de la prohibition contenue dans l'article 9 est, d'après l'exposé de ses motifs, *de mettre obstacle à des simulations de vente en nature d'une partie des eaux-de-vie qui auraient été converties en liqueurs.* (Ce sont les paroles mêmes du ministre.)

Le liquoriste marchand en gros ne peut expédier légalement les eaux-de-vie que de deux manières : avec acquit aux personnes assujetties à la vérification des employés à l'arrivée, ou avec congé aux consommateurs.

Dans le premier cas, si le degré de l'eau-de-vie expédiée en bouteilles est désigné sur l'acquit, il faut, pour en obtenir la décharge, que le destinataire représente les bouteilles aux employés, qui peuvent, en en débouchant plusieurs prises au hasard, s'assurer aussi bien qu'en tonneaux si le degré est conforme à celui porté sur l'expédition.

Mais, objecte la régie, n'assistant point à l'enlèvement, l'expédition peut

. Il nous a paru également juste de consacrer la faculté que
l'art. 5 donne aux liquoristes de faire des envois de liqueurs

---

n'être que fictive, et le destinataire nous représenter des eaux-de-vie en bouteilles provenant d'une autre origine.

La même opération n'est-elle donc pas beaucoup plus facile et moins dange-
reuse en tonneaux d'un hectolitre qu'en bouteilles ? D'abord, elle nécessite
deux à trois fois moins de frais ; puis, si l'acquit est perdu, ou qu'il ne soit
pas représenté en temps utile, le *double* droit de l'eau-de-vie en tonneaux est
beaucoup moins élevé que le *simple* droit de l'eau-de-vie en bouteilles : il y
a donc, sous ce rapport, plus de difficultés et de risques à courir pour la
fraude.

Si, d'un autre côté, le liquoriste n'indique pas sur l'expédition, le degré
des eaux-de-vie en bouteilles, quand elles font partie d'un panier de liqueurs,
il en résulte un manquant d'autant de litres d'alcool pur par 100 que l'eau-de-
vie contient de degrés au dessus de 40 ; manquant dont le droit est perçu chez
l'expéditeur comme s'il avait été converti en liqueurs, sans préjudice du droit
payé par le destinataire, non en raison de l'alcool contenu dans l'eau-de-
vie, mais comme liqueurs, attendu sa présence en bouteilles.

Ainsi vous voyez, Messieurs, à quoi se réduit la fraude que redoute la
régie…. Et non contente de percevoir dans ce dernier cas, DEUX FOIS le droit
comme liqueurs sur l'eau-de-vie expédiée en bouteilles, sous la seule déduction
de 40 p. 100, il lui faut en outre une disposition qui lui permette d'appliquer
une amende de 500 fr. à 2,000 fr. à celui qui vient lui offrir un tel avantage ;
il y a plus, elle autorise à le faire, pour avoir ensuite l'occasion de saisir : nous
en donnerons la preuve irrécusable à votre commission, si elle veut nous mettre à même de justifier nos accusations.

Forcée de reconnaître en 1834, sur une réclamation motivée de notre part,
combien cette disposition nous était préjudiciable ainsi qu'inutile, comme mesure conservatrice, l'administration s'exprimait ainsi dans sa circulaire 75,
du 30 janvier même année :

« La limite de vingt-cinq bouteilles ou d'un hectolitre pour les ventes en
» gros *n'est d'ailleurs pas une garantie contre les abus* : car il est aussi
» facile aux marchands en gros de couvrir leurs manquants à l'aide de ventes
» simulées de cent litres qu'à l'aide de ventes de vingt à cent litres en baril,
» ou vingt-quatre litres et au dessous en bouteilles. En effet, dans la supposi-
» tion où l'enlèvement n'aurait pas lieu, la quantité forte ou minime relatée
» dans les expéditions pourrait toujours être prise, soit chez des bouilleurs de
» crû, soit dans des entrepôts frauduleux. CETTE LIMITE N'EST DÈS LORS

en toute quantité et *à toute destination*, au moyen d'expéditions prises au bureau de la régie. *Cette facilité ne peut*

» QU'UNE RESTRICTION SANS AVANTAGE RÉEL POUR LA PERCEPTION. » Demandez-lui donc, Messieurs, pourquoi depuis cette époque ces myriades de procès et d'amendes, et pourquoi cette circulaire du 20 avril 1841 ?

« Conformément à la lettre commune de M. le directeur de la Seine, en date du 17 courant, MM. les liquoristes marchands en gros *de la Vil-* »*lette* (et autres communes de la banlieue) sont prévenus qu'il ne leur »sera nullement accordé décharge pour les quantités *inférieures à l'*HECTO- »LITRE, à moins que les quantités expédiées soient des RHUMS, KIRCHS et »ABSYNTES, qu'*elles soient en futailles de 50 litres*, et QUE LES EMPLOYÉS »SOIENT PRÉSENTS A L'ENLÈVEMENT. Les autres espèces d'alcool, soit *es-* »*prits purs* ou *aromatisés*, ne pourront être vendues qu'en quantité *de* 100 »*litres en cercle*, et *nullement* EN BOUTEILLES. D'un autre côté les RHUMS, »KIRCHS et ABSYNTES, *ne pourront être expédiés* EN BOUTEILLES. »

Pourquoi ? Pour punir ceux qui osent réclamer contre un abus ou combattre un projet de la régie. Elle espérait qu'en arrêtant *tout court* le commerce des liquoristes de la banlieue, elle les amènerait à transiger sur la base de 40 p. 100; mais elle n'a pas osé pousser les choses à bout en présence des chambres; elle a cédé aux réclamations.

Non, ce n'est là pour personne de l'administration ; c'est de la tyrannie, de la concussion et de la perfidie... Qu'il nous soit au moins permis de citer une telle conduite, quand nous en sommes victimes depuis près de quatre ans sans avoir pu encore obtenir justice. Comment en serait-il autrement ? On n'exécute que les lois qui nous lient.

D'après l'art. 246 de la loi du 28 avril 1816 « une loi *spéciale* devait dé- »terminer le mode de procéder relativement aux instances qui concernent la »perception des contributions indirectes » : l'a-t-on proposée ? — Non, on n'en a pas trouvé le temps depuis 1816.... Voilà quel cas on fait des injonctions de la législature.

Nous vous supplions, en conséquence, en nous appuyant sur le passage de la circulaire précitée, de remplacer l'article 9 de la loi du 24 juin sur les fabriques de liqueurs par la disposition suivante :

« Lorsque les eaux-de-vie et esprits expédiés en bouteilles se trouveront à un » degré différent, l'expéditeur, quel qu'il soit, ne sera tenu de déclarer que le » nombre de bouteilles et la quantité d'alcool qu'elles renferment, puisqu'il » devient impossible d'en faire le détail sur l'expédition, et qu'il suffit pour » suivre le compte de l'expéditeur ou du destinataire de connaître la quantité » d'alcool expédié. »

Nous vous demandons, en outre, toujours en invoquant la même circu-

que favoriser la consommation, et par conséquent le com-
merce (1).

laire, et d'après les motifs que nous allons vous développer, l'abrogation de l'article 58 de la loi du 28 avril 1816, en ce qui concerne la prohibition des fûts de contenance inférieure à l'hectolitre, mesure peut-être plus pernicieuse encore aux intérêts du fisc qu'à ceux du commerce.

Vous sentirez comme nous, Messieurs, que, plus le diamètre d'un tonneau est petit, plus la vidange d'un litre est sensible, plus par conséquent l'appré- ciation des dixièmes est facile et leur constatation fréquente, ce qui rend les remplissages *frauduleux* presque impossibles : en effet, dix litres versés en fraude sur un tonneau de cinq cents litres à moitié ou aux trois quarts vi- dangé sont presque imperceptibles, puisque ce n'est que la cinquantième par- tie de sa contenance, tandis que deux litres sortis dans un tonneau de vingt litres sont très apparents, puisque c'en est le dixième.

Ce serait en vain que l'administration prétendrait que, plus les tonneaux sont petits, plus ils sont portatifs et faciles à cacher ; qu'aussitôt qu'ils sont vides, le débitant va les faire remplir.

Les petits comme les gros fûts sont marqués lors de la prise en charge, et leur enlèvement sans démarque est puni d'une amende de 50 à 300 fr. : il est donc absurde de prétendre que le débitant fera voyager son petit fût lors- qu'il voudra en effectuer le remplissage en fraude, au lieu d'apporter le li- quide, comme il le fait pour les gros fûts, avec un seau, une cruche, une bouteille ou tout autre ustensile de ménage, qui éveillent beaucoup moins les soupçons et sont beaucoup plus portatifs que les barils. D'ailleurs en quoi un petit fût serait-il plus dangereux pour la perception quand il s'agit de vin ou d'eau-de-vie que lorsqu'il s'agit de liqueurs ?

Ainsi, ce sont les gros fûts qui favorisent la fraude, et la Régie défend les petits, qui sont conservateurs de l'impôt... Est-ce donc là de l'intelligence con- tre la fraude ? N'est-ce pas entraver le commerce sans profit pour le Trésor, agir même contrairement à ses intérêts ? On la force à le reconnaître, et elle maintient cette absurdité légale comme un puissant moyen d'oppression con- tre ceux qui veulent défendre leurs droits.

Nous avons encore de nombreuses et d'authentiques preuves de ce fait à mettre sous les yeux de votre commission : qu'on accepte donc l'enquête que nous provoquons, car les choses ne peuvent plus aller long-temps de ce pas sans danger sérieux pour le gouvernement.

(1) Le rapporteur aurait pu ajouter : *et ne peut qu'augmenter les pro- duits...* car ce sont les obstacles que le commerce rencontre à chaque pas sur la voie *légale* qui l'obligent à en sortir. Il y a, nous ne cesserons de le répé-

ARTICLE 21 DU PROJET.

La disposition de l'art. 85 de la loi du 28 avril 1816 qui accorde aux propriétaires vendant en détail des boissons de leur crû une remise de 25 p. 100 sur les droits de détail qu'ils ont à payer est abrogée.

On peut vous dire, Messieurs, que cette demande est de toute justice ; que ce privilége est contraire à la Charte, en ce qu'il établit une inégalité d'impôts que rien ne justifie, puisqu'elle n'est rachetée par aucune compensation envers l'état ni envers les autres débitants ; qu'elle met par conséquent ces derniers dans la nécessité d'avoir recours à la fraude pour soutenir la concurrence des propriétaires ; enfin qu'il n'y a pas plus de raison d'accorder aux récoltants une réduction de droit sur le vin qu'ils vendent en détail que sur celui qu'ils livrent en gros à la consommation.

Mais quand vous considérerez que la vente *à cache-pot* est le plus dangereux ennemi de l'impôt et le concurrent le plus redoutable pour le débitant, que la remise de 25 p. 100 sur le droit est un puissant moyen pour amener les récoltants à déclarer leur vente en détail, et qu'en définitive elle est trop minime pour leur permettre de vendre à un prix inférieur aux débitants, vous maintiendrez, Messieurs, cette disposition dans l'intérêt du trésor, et *surtout* dans celui des débitants, par le même motif qui a dicté l'inégalité qui existe entre le droit de circulation et celui de détail. Lorsqu'il n'y a pas moyen de faire la loi à la fraude, il y a mauvaise administration à ne pas transiger avec elle.

Les employés ne pouvant s'introduire chez les particuliers qu'assistés d'un officier de police, et d'après l'ordre écrit d'un de leurs chefs supérieurs, ni déclarer procès-verbal

---

ter, un intérêt immense pour l'état à faire disparaître toutes les entraves qui sont sans avantage *réel* pour la perception.

quand ils y trouvent des buveurs qu'autant qu'ils ont la preuve qu'ils boivent *à prix d'argent*, et non comme amis ou gens de la maison, leurs visites sont presque toujours sans résultat ; mais il en est autrement quand ils vont trouver celui qui se livre clandestinement à la vente en détail, et qu'ils lui disent : « Nous venons d'apprendre que » vous débitez votre vin, et nous allons vous surveiller ; si » vous êtes pris, ce qui ne peut manquer d'avoir lieu, car il » y a trop de monde intéressé à vous faire prendre, vous se- » rez passible d'une amende de 500 fr. et de la confiscation de » tout le vin que vous possédez. Nous vous engageons donc, » dans votre intérêt, à déclarer votre vente ; nous vous ferons » une remise de 25 p. 100 sur les droits, etc. » Presque tous, séduits par la remise, dont ils s'exagèrent l'importance, autant qu'effrayés du danger qu'ils courent une fois leur vente connue, s'y décident à l'instant même.

A quoi, en définitive, se réduit donc la remise de 25 p. 100? — A 73 c. par hectolitre quand le vin se vend 30 fr. l'hectollitre... Ce n'est assurément pas cette différence qui peut mettre les récoltants à même de le donner à meilleur marché ; et s'ils le font, c'est qu'ils y trouvent, d'un autre côté, encore plus davantage qu'à le vendre en gros; mais toujours est-il qu'étant obligés de le vendre plus cher en le déclarant qu'en ne le déclarant pas, en raison du paiement des droits, les débitants de profession ont intérêt comme l'état au maintien de la remise, qui en résumé n'est que de 22 p. 100, puisqu'ils jouissent eux-mêmes d'une remise de 3 p. 100.

ARTICLES 13 ET 14 DU PROJET.

Comme ces articles ne concernent que les propriétaires récoltants, et qu'il s'en trouve un grand nombre dans la chambre, il nous paraît inutile d'en faire ressortir les conséquences, qu'ils ont infailliblement aperçues comme nous.

OBSERVATIONS

Sur la réduction du taux de la remise allouée aux marchands en gros.

Nous venons de voir, à l'occasion de l'art. 20, que la commission de 1824 n'avait rien négligé pour arriver à la découverte de la vérité, dans un débat où l'intérêt des parties ne cherche que trop souvent à la dissimuler. Si elle a erré sur deux points importants, l'assimilation des liqueurs à l'alcool pur pour le droit, et la prohibition de la vente des spiritueux en bouteilles, cela tient uniquement à ce que sa religion n'a pas été bien éclairée sur ces deux points.

Son rapport sur la déduction à allouer aux marchands en gros pour le déchet des liquides porte, comme celui qui précède, le cachet de l'équité ; elle avait parfaitement senti ce qu'avait d'injuste la manière d'opérer de la régie, à laquelle on est néanmoins revenu en 1837, et elle avait trouvé le moyen de ménager nos intérêts, sans qu'en aucun cas ceux du trésor puissent être compromis, ainsi que vous allez en juger par la lecture de ce rapport.

Séance du 15 mai 1824.

« La déduction de six et demi pour cent accordée sur les
» alcools par l'art. 5 du projet, pour ouillage, coulage, sou-
» tirage et affaiblissement de degré, a paru insuffisante ;
» votre commission vous propose de la fixer à huit pour
» cent, et d'en régler le décompte D'UNE MANIÈRE PLUS JUSTE
» QU'ELLE NE L'A ÉTÉ JUSQU'ICI.

» Les comptes s'arrêtent par trimestre : dans quelques uns,
» les manquants ne s'élèvent pas au quart des déductions
» accordées pour l'année entière, et alors la régie ne tient
» compte que du manquant RÉEL ; dans d'autres trimestres, les

» manquants s'élèvent au delà, et l'administration ne tient
» compte que de la quantité fixée par la loi, d'où il résulte
» *que le commerce ne jouit jamais de la déduction accor-*
» *dée pour l'année entière.*

» Votre commission vous propose donc de fixer la déduc-
» tion à huit pour cent, et, en conservant les relevés trimes-
» triels, de décider que les comptes définitifs seront arrêtés
» et balancés pour l'année dans la fin du trimestre d'octobre,
» et qu'alors, réunissant tous les manquants des trimestres
» précédents, il leur soit fait une déduction *jusqu'à concur-*
» *rence de huit pour cent.* »

Qu'est-on venu alléguer en 1837 pour modifier une disposition aussi sage?

« La loi du 24 juin 1824, vous a dit le rapporteur, veut
» que le déchet calculé par trimestre ne soit cependant réglé
» qu'à la fin de l'année, afin qu'une compensation puisse s'é-
» tablir entre les déchets *qui seraient supérieurs* au taux
» fixé et ceux qui lui seraient inférieurs. CETTE DISPOSITION
» EST JUSTE; *mais il est arrivé que dès le commencement*
» *de l'année des manquants supérieurs au déchet légal*
» *ont été reconnus, et que, l'insolvabilité étant survenue*
» *dans l'intervalle, le recouvrement n'a pu être opéré :*
» c'est pourquoi l'administration demande que le droit soit
» *immédiatement* exigible pour tous manquants *extraordi-*
» *naires* qui seraient reconnus en sus du déchet légal calculé
» pour l'année entière, de sorte que, si le déchet annuel était
» réglé à huit pour cent, et qu'à une époque quelconque il
» fût reconnu un manquant de dix pour cent, il y aurait lieu
» alors au paiement immédiat du droit sur la quantité repré-
» sentant deux pour cent. Tel est le sens que la commission
» attache à cette disposition. » (*Rapport du 24 juin* 1837.)

Ainsi, après avoir reconnu que l'état de choses créé par la
commission de 1824 était juste, on est venu en demander le
rapport, en alléguant qu'il arrivait que des marchands en
gros devenaient insolvables, au point de ne pas trouver dans

leurs magasins de quoi garantir à l'état, *qui est privilégié*, le paiement de quelques manquants supérieurs au taux alloué, reconnus dans les premiers trimestres.

En admettant, *ce que nous nions formellement*, que le fait soit arrivé *même une seule fois*, à qui donc la régie devait-elle s'en prendre ? Etait-ce à la loi de 1824, qui avait mis sous ce rapport les intérêts du fisc à couvert en lui accordant la faculté d'exiger, à la fin de chaque trimestre, ou le paiement des manquants qui excéderaient le taux de la remise, ou leur cautionnement, *sauf compensation* à établir lors de la clôture définitive du décompte ? N'était-ce pas plutôt au receveur, qui, en négligeant de se conformer à ces prescriptions, avait compromis les intérêts de l'état? Le directeur ne devait-il pas, dans ce cas, le rendre responsable de sa négligence et le forcer en recette ?

La commission de 1824 avait parfaitement compris que, pour que l'entrepositaire jouisse réellement de huit pour cent, il fallait, en fin d'année, balancer les manquants supérieurs à huit avec ceux inférieurs : car huit balancés avec six, par exemple, n'importe dans quelle proportion, c'est-à-dire quand il y aurait dix fois huit avec une fois six, ne donneront jamais pour résultat qu'un terme moyen inférieur à huit. C'est encore là un expédient pour augmenter l'impôt en diminuant la remise, sans avoir l'air d'y toucher ; une de ces ruses que repousse M. Royer - Collard, parce qu'elles sont contraires à la loyauté.

Mais ce n'est pas tout ; on est venu dire en outre à la Chambre :

« En accordant 8 p. 100, on avait eu en vue les plus fortes déperditions ; on voulait allouer un taux qui pût suffire à tous les cas *ordinaires*, parce qu'on supposait que, lorsque le taux excéderait le déchet réel, la différence resterait en *magasin* ; mais cette espérance ne se réalise que fort rarement.

» La déperdition sur les vins varie selon les lieux et selon

» les temps : elle est très forte dans l'année qui suit la récolte,
» et dans les magasins qui reçoivent les vins avant le soutirage;
» là, elle atteint *et quelquefois même dépasse* 8 p. 100 par
» an. L'allocation uniforme de 8 p. 100 est donc vicieuse; elle
» pourrait être considérée comme une provocation à la fraude
» en ce qu'elle met à la disposition de l'entrepositaire un ex-
» cédant qu'il peut livrer à la consommation sans en payer les
» droits, ce qui nuit à la fois aux intérêts du trésor et à ceux
» des communes, dont un grand nombre ont fait entendre à
» cet égard de vives réclamations. Le seul moyen de remédier
» à cet abus est de confier à un règlement d'administration pu-
» blique le soin de déterminer, suivant les lieux et la nature
» des boissons, la déduction à accorder, en se renfermant tou-
» tefois dans les limites de 4 à 8 p. 100.» (*Extrait du rapport
du 24 juin* 1837.)

Il y a d'excellentes raisons, Messieurs, pour que l'espérance
chimérique de l'administration ne se soit réalisée que fort rarement : c'est que, le taux de 8 p. 100 étant presque toujours
atteint ou dépassé par le déchet réel, il n'a dû arriver en effet
que fort rarement qu'elle ait trouvé des bonis à la fin de l'année; mais, ayant affirmé qu'il devait en être autrement, on l'a
crue sur parole. Espérons qu'à l'avenir on exigera d'autres
garanties quand la régie réclamera des mesures contraires aux
intérêts du commerce et de l'industrie.

En disant que le déchet variait *suivant les lieux,* la Chambre a dû comprendre qu'il s'agissait d'établir une distinction
entre le midi et le nord de la France, en raison de la différence de température, dont chacun se rend compte par l'énorme distance qui sépare ces contrées. Mais comment expliquer
que le déchet soit de 8 p. 100 dans le département de la Seine, *qui n'est qu'un point au milieu du département de
Seine-et-Oise, qui en forme la ceinture,* tandis qu'elle n'est
que de 7 p. 100 dans ce dernier département, et de 6 p. 100
dans celui de la Seine-Inférieure, qui en est limitrophe et sous
la même ligne ?... Aussi le commerce de Rouen se refuse-t-il

depuis trois ans, nous a-t-on dit, à payer les manquants constatés d'après cette base.

Il est évident que, si quelques villes ont adressé des réclamations, ce n'a pu être que d'après les insinuations de la régie, qui aura fait entendre aux conseils municipaux que la baisse survenue dans leurs produits ne provenait que de cette cause, ou qu'elle était un obstacle à l'accroissement des recettes, en les engageant à signaler ce fait : car une telle pensée n'aurait pu venir à l'esprit d'hommes étrangers à la spécialité ?

« Nous espérons, continuait le rapporteur, *et l'administration promet* que, dans chaque localité, les informations nécessaires seront prises ; que les autorités municipales et les chambres de commerce seront consultées, et que tous les intérêts pourront se faire entendre.

« Avec ces précautions, la Chambre pense qu'il y a lieu d'adopter le minimum de 4 p. 100, mais sans établir le maximum de 8 p. 100, PUISQUE L'ADMINISTRATION RECONNAÎT ELLE-MÊME QUE LE DÉCHET DÉPASSE QUELQUEFOIS CE TAUX. »

Elle reconnaît devant la commission que le déchet dépasse quelquefois le taux de 8 p. 100, et elle le fixe, par ordonnance du 21 août, à 4, 5 et 6 ; il y a plus, elle change arbitrairement l'époque des arrêtés de comptes !....

Quelle est donc la nature des informations qu'elle a prises? à quelle source les a-t-elle puisées? ou bien quel compte a-t-elle tenu des renseignements que lui a fournis le commerce, et du résultat de ses opérations journalières, puisque les divers taux fixés ont soulevé de toutes parts les plus énergiques protestations, et qu'elle a été forcée d'y faire droit, au moins *en partie ?*

Les nombreuses réclamations qui vous ont été adressées depuis trois ans n'ont-elles pas justifié les appréhensions d'une partie des membres de la Chambre?

« En permettant à l'administration de fixer le taux de la re-

» mise », disait M. Mauguin, on amènera la perturbation dans
» les opérations du commerce. Je crains fort que, pour pré-
» venir quelques abus, et assurer à quelques villes une per-
» ception un peu plus forte, on ne fasse un mal considérable
» au commerce, et que *les inconvénients* ne dépassent de
» beaucoup *les avantages*. Le mérite de la règle est d'être
» FIXE, parce que chacun sait à quoi s'en tenir. »

« Je suis prêt, ajoutait M. Pataille, à accorder au gou-
» vernement tout ce qui lui sera nécessaire pour la répression
» de la fraude ; mais tel n'est pas le caractère de l'article pro-
» posé. Le commerce ne vit que de liberté, et vous savez ce-
» pendant, Messieurs, à combien d'entraves et d'*humiliations*
» sont condamnés vos malheureux négociants de vins... »

Cette liberté, premier besoin de toutes les industries, pou-
vons-nous l'attendre de la régie, qui ne veut voir en nous que
des fraudeurs dont elle cherche à contrarier tous les mouvements ? Qu'a-t-elle donc perdu depuis que la liberté d'action a
été rendue aux marchands en gros par la loi du 28 avril 1816,
et aux débitants par celle du 21 avril 1832 ? Ne serions-nous
pas encore dans l'état de servitude la plus intolérable sans
l'intervention de L'ÉMEUTE en 1814, 1815 et 1830 : car on a
tout refusé jusqu'ici à la raison ? Si les marchands en gros
s'étaient révoltés en 1838, comme l'ont fait les bouilleurs de
crû, fabricants de kirchs, les articles 6 et 7 précités auraient
certes été rapportés l'année suivante, comme l'a été l'art. 8,
relatif à ces derniers. Depuis la résistance énergique des rédimés de Saint-Germain, la régie a-t-elle osé faire une seule
visite chez eux ? Quelle manière d'administrer !

L'administration, comme l'a fort bien dit la commission de
1824 dans son rapport sur les liqueurs, a intérêt à rabaisser
la base de conversion, afin d'élever le produit de l'impôt ; elle
a, par la même raison, intérêt à diminuer le taux de la remise ; et cependant, c'est à elle qu'on s'en est rapporté, en
1837, pour le fixer ÉQUITABLEMENT !

Aussi nous demandons à la Chambre d'abroger les arti-

cles 6 et 7 de la loi du 26 juillet 1837, et de replacer les marchands en gros sous l'empire de l'article 2 de la loi du 24 juin
1824 sur la perception, qui garantit les droits du trésor et
ceux du commerce.

QUELQUES MOTS SUR LE RAPPORT DU BUDGET DES RECETTES.

Boissons.

« Les dispositions que le projet de loi vous propose d'in-
» troduire dans la législation des boissons forment un en-
» semble de mesures *destinées, les unes à prévenir, les*
» *autres à découvrir et à constater* LA FRAUDE, *qui dérobe*
» (dit-on) *une partie des produits à la perception des di-*
» *vers droits imposés.* (PAGE 25 *du Rapp.*) »

La régie traite *de fraude* toute opération dont le produit
n'est pas frappé *directement* de l'impôt. Ainsi elle conteste
aux rédimés de l'exercice la faculté de convertir en liqueur
l'alcool sur lequel ils ont payé tous les droits *à l'entrée*, sans
tenir aucun compte du principe qui s'y oppose (et qu'elle a été
la première à proclamer), ni des nombreuses compensations
qui résultent pour le trésor de ce mode de perception. (VOIR
pag. 16, § 1, et 31, § 1.)

Il en est de même à l'égard de la distillation des vins, cidres et poirés, qui ont acquitté *la taxe* UNIQUE, *taxe qui ren-*
ferme la libération complète des objets sur lesquels elle
pèse. (VOIR *page* 24, § 3.)

La commission, après avoir examiné un grand nombre de
pétitions adressées de presque *toutes les villes importantes,*
où la fabrication des liqueurs a pris place parmi les industries
les plus actives, déclare qu'il ne s'agit en aucune façon *des*
liquoristes; que la loi du 24 juin *continuera* de leur être
appliquée. (*Page* 38 *du Rapp.*)

Il y a deux espèces de liquoristes : ceux qui *sont exercés,*
auxquels elle s'applique, et ceux qui se sont rachetés de l'exer-

cice, auxquels la régie *a voulu* et *voudrait* la rendre applicable.

Par ces mots : *continuera* de leur être appliquée... , et ceux équivalents de l'art. 17 : *sans préjudice des obligations* SPÉCIALES *imposées aux fabricants par la loi du* 24 *juin* 1824, l'administration (puisque la rédaction a été concertée avec elle) se fait donner l'absolution pour en avoir fait indûment l'application *aux rédimés*, et, par cette nouvelle sanction de la loi de 1824, elle lui donne une date postérieure à celle de 1832, afin d'empêcher les liquoristes de se rédimer, en invoquant contre eux le principe qui veut que, lorsque deux lois sont inconciliables dans leur exécution, la dernière soit considérée comme une modification de la plus ancienne. Alors la régie sera journellement chez les rédimés *sous le prétexte* de s'assurer s'ils ne se livrent pas à la fabrication des liqueurs ; partant plus d'affranchissement, même pour celui qui se bornera à vendre ses boissons dans l'état où elles ont payé les droits.

Voilà le piége que la commission n'a pas aperçu, car elle ne veut certainement pas abroger la loi du 21 avril 1832, après avoir été frappée de ses heureux résultats. Il y a donc lieu de supprimer de l'art. 17 ces mots : *sans préjudice des obligations imposées aux fabricants de liqueurs, etc...*, si l'on ne veut pas que la mesure soit applicable *aux rédimés;* ou bien il faut créer une exception en leur faveur. Agir autrement serait une injustice, une violation du principe de la rédemption, qui consiste à ne se rien répéter réciproquement après le paiement du droit, *perte* ou *gain*. (VOIR *page* 35.):

La pensée qui a dicté l'art. 15 du projet ministériel était, de soumettre les boissons au paiement d'un nouveau droit CHAQUE FOIS QU'ELLES SUBISSENT UNE TRANSFORMATION QUELCONQUE, sans égard pour ceux dont elles avaient été frappées à l'entrée, et de considérer l'extension de leur volume comme une fabrication.

« La commission a repoussé cette prétention, « regardant
» l'administration comme n'ayant aucun intérêt, dans
» les villes sujettes à l'octroi, à constater A DOMICILE les
» quantités fabriquées, lorsque le droit a été déjà acquitté
» à l'introduction, sur les fruits destinés à la fabrica-
» tion ; » et elle ajoute : « Il en sera de même dans les vil-
» les non sujettes à l'octroi, où l'article sera applicable
» comme sujettes au droit d'entrée ; mais nous avons vou-
» lu l'écrire formellement : c'est l'objet du dernier para-
» graphe. Ainsi, point de déclaration PRÉALABLE, point
» d'exercice A DOMICILE, toutes les fois qu'on aura acquit-
» té le droit d'entrée pour les vendanges, les fruits à ci-
» dre et à poiré, ET CETERA. » Lequel et cetera comprend
indubitablement les vins, cidres, poirés, hydromels, eaux-
de-vie et esprits qui auraient acquitté les droits à l'entrée,
quoique pouvant subir subséquemment une manutention ou
préparation ayant pour effet de changer l'état, le volume ou
la nature PREMIÈRE de ces liquides.

L'article 15, devenu l'article 17, n'exprime pas sous ce
rapport toute la volonté de la commission, puisque le mot
ET CETERA, ou le détail des boissons auxquelles il se rapporte, ne s'y trouve pas. Or, comme c'est la loi qui s'appliquera,
et non le rapport de la commission, il faut énumérer toutes
les espèces et qualités d'objets pour lesquels le trésor sera
désintéressé.

Cette disposition n'a d'autre but, dans l'esprit de la commission, que celui d'atteindre les *fabrications* dans l'intérieur,
faites avec des objets *récoltés* dans le lieu sujet, ou *jouissant*
de l'entrepôt.

L'article 17 de la commission, n'exprimant pas non plus *d'une*
manière expresse que c'est seulement *à la suite des décla-*
rations exigées en cas de fabrication, et non *par suite de soup-*
çons de fraude, que LES PRÉPOSÉS SONT AUTORISÉS A FAIRE A

DOMICILE TOUTES LES VÉRIFICATIONS NÉCESSAIRES, il en résulte que l'article 237 ne serait pas obligatoire dans les villes où l'article 17 est applicable, et que les employés pourraient s'introduire chez toute personne suspectée de fraude, *sans l'assistance* d'un officier de police, *même dans les villes* REDIMÉES; ce qui leur est interdit hors des villes sujettes aux droits d'entrée, un tel état de chose achèverait de dépopulariser l'impôt.

La Chambre ne saurait vouloir que le particulier non fabricant de profession pût faire et préparer, sans déclaration préalable, des boissons dans l'interieur du lieu sujet, avec des fruits ayant acquitté les droits à l'entrée, *lorsque celui qui paie* LICENCE *et* PATENTE *serait privé de cette même faculté relativement* AUX BOISSONS POUR LESQUELLES IL S'EST LIBÉRÉ DE LA TAXE. — Elle ne voudra pas non plus *créer* des gênes et des droits *supplémentaires* dans les villes, sur lesquelles pèse déjà, contrairement aux vœux de la Charte, une taxe *exceptionnelle : Le droit* D'ENTRÉE.

La commission s'appuie (page 40 du *Rapport*) sur ce que l'article 27 amendé ne sera pour la grande majorité des villes que la *continuation* d'un état de choses qu'ont subi *sans inconvénients* 325 villes, simultanément sujettes aux droits d'octroi et d'entrée. C'est, de la part de l'administration, une assertion mensongère qui a trompé le rapporteur et qu'il importe de relever.

Encore une fois, l'ordonnance du 9 décembre 1814, art. 36, n'a pu être exécutée depuis 1816, en ce qui touche les visites domiciliaires, attendu qu'aux termes de l'art. 150 de la loi du 28 avril, les dispositions réglementaires d'octroi *contraires aux lois sur les contributions indirectes* sont *annulées*, d'où est résulté l'obligation pour les employés des octrois, comme pour ceux de la régie, de se conformer strictement aux prescriptions de l'art. 237 de la loi de 1816.

D'un autre côté, l'art. 36 précité n'imposait point de déclaration PRÉALABLE À LA FABRICATION, mais seulement l'obligation de déclarer les objets *fabriqués* et d'en acquitter IMMÉDIATEMENT les droits.

Il ne faut donc pas se faire illusion. L'article 17 sera, relativement à la déclaration préalable et à la visite affranchie de toutes formalités (dispositions qui constituent toute l'économie du projet), une innovation capitale, déplorable pour la généralité des villes, et non pas, comme a dû le croire la commission, pour DIX-HUIT VILLES *seulement* sur 343, ce qui assurément n'aurait pas mérité les colères de la fiscalité.

Relativement aux autres articles, nous ne croyons rien devoir ajouter à nos observations précédentes. Reste l'art. 22 du projet ministériel, sur lequel la commission ne s'explique pas, et qui appelle cependant toute l'attention de la chambre, en raison du peu de garanties qu'offrent la plupart des agents auxquels on livre la liberté des citoyens. Il ne manque plus que de demander l'application des mêmes articles pour les contraventions relatives aux boissons.....

On exploite les besoins pressants de l'état pour obtenir ce qu'on n'oserait pas proposer en toute autre circonstance ; puis on viendra l'année prochaine réclamer l'augmentation des tarifs, parce que ces mesures n'auront pas produit, *dira-t-on,* ce qu'on avait lieu d'en attendre ; résultat qu'il est facile de prévoir dès aujourd'hui, puisque la fabrication des liqueurs est insaisissable.

La condamnation du projet se trouve dans le chiffre de la minorité 7 contre huit.

MAUDET,
Liquoriste,
Marchand en gros à Boissy-Saint-Léger, près Paris.

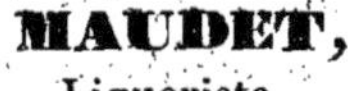

Imprimerie de GUIRAUDET et JOUAUST, rue Saint-Honoré, 315.

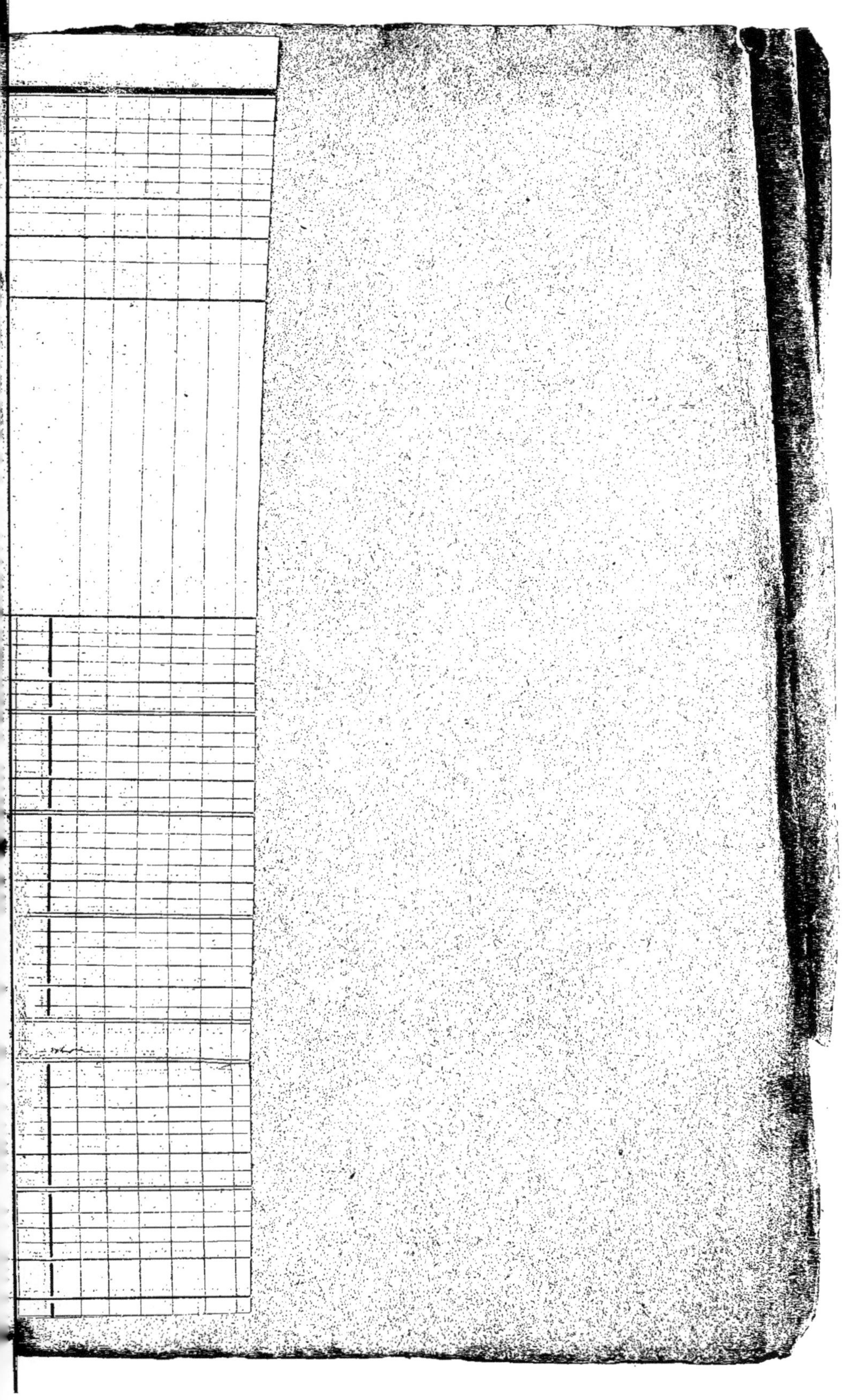

www.ingramcontent.com/pod-product-compliance
Ingram Content Group UK Ltd.
Pitfield, Milton Keynes, MK11 3LW, UK
UKHW022117070726
13613UKWH00003B/1127